《赣州市文明行为促进条例》
精解

张 奇 项 波 ◎编著

中国政法大学出版社

2024·北京

声　明　1. 版权所有，侵权必究。
　　　　2. 如有缺页、倒装问题，由出版社负责退换。

图书在版编目（CIP）数据

《赣州市文明行为促进条例》精解/张奇，项波编著.—北京：中国政法大学出版社，2024.2
ISBN 978-7-5764-1296-3

Ⅰ.①赣… Ⅱ.①张… ②项… Ⅲ.①社会主义精神文明建设－条例－解释－赣州 Ⅳ.①D648

中国国家版本馆CIP数据核字(2024)第019610号

书　名	《赣州市文明行为促进条例》精解
	GANZHOUSHI WENMINGXINGWEI CUJIN TIAOLI JINGJIE
出版者	中国政法大学出版社
地　址	北京市海淀区西土城路25号
邮　箱	bianjishi07public@163.com
网　址	http://www.cuplpress.com（网络实名：中国政法大学出版社）
电　话	010-58908466(第七编辑部) 010-58908334(邮购部)
承　印	北京九州迅驰传媒文化有限公司
开　本	880mm×1230mm　1/32
印　张	7.75
字　数	190千字
版　次	2024年2月第1版
印　次	2024年2月第1次印刷
定　价	48.00元

目 录

第一章 总 则 | 001
第一条【立法目的和立法依据】 | 002
第二条【适用范围和调整对象】 | 007
第三条【文明行为促进活动应坚持的原则】 | 011
第四条【主管部门的职责】 | 018
第五条【政府的职责】 | 020
第六条【基层群众性自治组织的职责】 | 024
第七条【全社会共同推进文明促进活动】 | 027

第二章 文明行为规范 | 033
第八条【文明行为规范的概括规定】 | 033
第九条【公共服务单位文明行为规范】 | 036
第十条【受鼓励的文明行为】 | 038
第十一条【公共场所文明行为】 | 042
第十二条【维护公共环境】 | 045
第十三条【文明健康生活方式】 | 055

第十四条【文明出行规范】　　| 061
第十五条【文明上网行为规范】　　| 066
第十六条【文明经营行为规范】　　| 072
第十七条【文明旅游规范】　　| 079
第十八条【文明乡风】　　| 082
第十九条【优良家风】　　| 087
第二十条【文明就医规范】　　| 089
第二十一条【弘扬苏区、长征精神】　　| 094
第二十二条【传承、弘扬客家文化】　　| 100

第三章　治理与禁止　　| 103
第二十三条【重点治理的不文明行为】　　| 103
第二十四条【饲养犬只规范】　　| 117
第二十五条【野生动物保护方面的不文明行为治理】　　| 120

第四章　保障与促进　　| 125
第二十六条【文明创建活动】　　| 125
第二十七条【文明行为宣传】　　| 127
第二十八条【文明行为培训】　　| 130
第二十九条【完善公共服务设施】　　| 131
第三十条【新能源汽车专用停车位】　　| 133
第三十一条【支持和发展志愿服务组织】　　| 134
第三十二条【为见义勇为负伤的人员提供保障】　　| 136
第三十三条【表彰奖励】　　| 138
第三十四条【先进模范的优先录用】　　| 139
第三十五条【有关部门对不文明行为的监督检查】　　| 140

  第三十六条【对不文明行为的举报投诉】 | 141

  第三十七条【招募文明劝导员】 | 143

第五章 法律责任 | 144

  第三十八条【破坏城市市容环境卫生、不文明交通
       行为的罚则】 | 144

  第三十九条【对违法吸烟的处罚】 | 156

  第四十条【对不文明殡葬行为的处罚】 | 157

  第四十一条【对违规养犬的处罚】 | 158

  第四十二条【违反野生动物保护法律法规行为的处罚】 | 161

  第四十三条【机关及其工作人员责任的规定】 | 168

  第四十四条【行政处罚的特殊规定】 | 170

第六章 附 则 | 172

  第四十五条【生效日期】 | 172

赣州市文明行为促进条例 | 175

附 录 | 188

  附录一 中共中央办公厅、国务院办公厅《关于进一步把
      社会主义核心价值观融入法治建设的指导意见》 | 188

  附录二 中共中央办公厅《关于培育和践行社会主义核心
      价值观的意见》 | 197

  附录三 中共中央、国务院《新时代爱国主义教育实施
      纲要》 | 208

  附录四 中共中央、国务院《新时代公民道德建设实施
      纲要》 | 222

赣州市文明行为促进条例

(2020年8月28日赣州市第五届人民代表大会常务委员会第三十一次会议通过

2020年9月29日江西省第十三届人民代表大会常务委员会第二十三次会议批准)

目 录

第一章 总 则
第二章 文明行为规范
第三章 治理与禁止
第四章 保障与促进
第五章 法律责任
第六章 附 则

第一章 总 则

【本章为总则部分,共七条,分别规定了《赣州市文明行为促进条例》的立法目的、适用范围和概念界定、基本原则,明确了精神文明指导委员会和精神文明工作机构、政府和部门、基层自治组织职责,规定了文明行为促进的社会共治。本章是赣州市文明行为促进相关法律问题的总体性、宏观性规范,具有总揽全局、提纲挈

领的作用。】

第一条【立法目的和立法依据】

为了引导、规范与促进文明行为,培育和践行社会主义核心价值观,提升公民文明素养,促进社会文明进步,根据有关法律、法规的规定,结合本市实际,制定本条例。

【条文释义】

一、立法目的

立法目的是指立法者希望通过所立的法来获得的结果,旨在表明立法者立法调控特定社会关系的内在动机。这种内在动机的确立往往受制于立法者的价值取向,既包括立法者对所立之法的具体认识,也包括立法者在法哲学层面上对法的一般判断。纵观我国现行法制,立法文本第1条的基本表述模式往往是,"为(了)……制定本法",这一般被称为立法目的条款。

文明是城市进步的标志,是城市发展的灵魂。文明行为入法是落实依法治国,实现德治与法治的有机统一的重要表现。文明社会的形成、成长和成熟,离不开规则和制度的支持,当前,用完善的立法规范市民的不文明行为已成为很多城市立法项目的"必选动作"。目前,创建文明城市已成为各地方城市的奋斗目标,而文明城市的创建对市民的文化素质提出了更高的要求。通过制定法律规范来约束公民的行为,从而促进文明行为的养成、社会主义核心价值观的培育、公民文明素质的提升、社会文明的进步,是本法制定的目的。

(一)引导、规范与促进文明行为

"文明行为"是一种以提高人类社会共同生活质量为目的、在

第一章 总 则

个人意识支配下的行为。"文明"一词与"落后"相对应,是社会发展阶段的状态体现。"行为"是指在人的意识支配下的外在行为,这种行为恰好是法律所要规制的。基于此,地方立法中的"文明行为"可以理解为在地方立法所及的行政范围内,人民群众在公共文明观念的支配下,主动自觉地履行城市公共文明规制,集中反映了某个社会阶段人民的整体素质水平,体现了人民对道德规范的践行,对其他主体权利的尊重。"文明行为"作为一个人的外在表现,对社会秩序、人际交往产生积极的意义。道德既调整涉己行为又调整涉他行为,法律只调整涉他行为,当与文明行为有关的道德规范法律化后,不仅具有道德上的意义,还具有法律上的意义。

就现有地方文明促进条例而言,有两种定义"文明行为"的方式,一种是列举式定义,通过举例文明行为和不文明行为揭示文明行为所指。另一种是概念性定义,通过阐释概念的本质属性,揭示概念的内涵。在有了可供遵循的行为规范时,一方面,公民文明行为的作为与不作为有了方向性的指引;另一方面,对文明行为的界定有了判断标准以及明确的处理方式。

(二) 培育和践行社会主义核心价值观

本条例的根本目的之一是培育公民对社会主义核心价值观的认同感,将社会主义核心价值观融入公民的日常生活中。2006年10月,党的十六届六中全会第一次明确提出了"建设社会主义核心价值体系"的重大命题和战略任务,明确提出了社会主义核心价值体系的内容,并指出社会主义核心价值观是社会主义核心价值体系的内核。2012年11月,中共十八大报告中将社会主义核心价值观概括为"三个倡导",即"倡导富强、民主、文明、和谐,倡导自由、平等、公正、法治,倡导爱国、敬业、诚信、友善,积极培育和践行社会主义核心价值观"。2016年,中共中央办公厅、国务院办公厅印发《关于进一步把社会主义核心价值观融入法治建设的指导意见》强调要将社会主义核心价值观融入法治建设，要坚持以社会主义核心价值观为引领，恪守以民为本、立法为民理念，把社会主义核心价值观的要求体现到法律法规和公共政策之中，转化为刚性约束力的法律规定。2018年，中共中央印发的《社会主义核心价值观融入法治建设立法修法规划》中明确提出，力争经过5年到10年的时间，推动社会主义核心价值观纳入立法目的，并体现在具体的立法条文当中。

社会主义核心价值观是当代中国精神的集中体现，是凝聚中国力量的思想道德基础。要引导人们把社会主义核心价值观作为明德修身、立德树人的根本遵循，将其融入日常生活，成为人们日用而不觉的道德规范和行为准则。

"培育和践行社会主义核心价值观"作为最广为认可的立法目的有其内在逻辑，首先，社会主义核心价值观的基本原则是坚持以人为本，尊重群众主体地位，关注人们利益诉求和价值愿望，找准与人们思想的契合点、与群众利益的交汇点，做到贴近人民生活、有明确的指向。文明行为促进工作的实施需要人民群众以主人翁的精神共同参与，大多数文明行为促进条例中也指出"以人为本"为工作原则，这两者不谋而合。其次，社会主义核心价值观的内容包含国家、社会、个人三个层面的价值取向和价值准则。"富强、民主、文明、和谐"，是整体国家层面的建设目标；"自由、平等、公正、法治"，是社会层面对美好生活的向往，也是从社会层面对社会主义核心价值观基本理念的凝练；"爱国、敬业、诚信、友善"，规定了公民的基本道德规范，是从个人行为层面对社会主义精神文明建设的贡献。它涉及社会生活的全域，是公民必须恪守的基本道德准则。同样，文明行为促进与保障工作需要宏观的国家层面、中观的社会层面和微观的公民层面共同保障和实施。社会主义核心价值观在文明行为地方立法中起到总纲作用,引领整部法律的内核。

在社会主义核心价值观和文明行为的关系中,两者是相辅相成、相互作用的关系。

1. 社会主义核心价值观对文明行为具有指导作用

"价值观是人们关于价值本质的认识以及对人和事物的评价标准、评价原则和评价方法的观点的体系。"简而言之,价值观是人们对于应该做什么和不应该做什么的一种选择。社会主义核心价值观为公民辨识文明行为提供了一般的、集中的判断标准。在制定文明行为促进条例时,将什么行为界定为文明行为、什么行为值得提倡鼓励或者哪些行为是不文明而被禁止的,都是依据社会主义核心价值观而做的一种选择。

2. 文明行为是对社会主义核心价值观的贯彻

社会主义核心价值观对文明行为具有指导作用,而社会主义核心价值观又必须依赖文明行为的贯彻,将社会主义核心价值观在公民文明行为的规范中落细落小落实。价值观的形成和实现都需要人们在实践中理解把握价值的含义并以此作为行动指南。本条例所鼓励、提倡和促进的文明行为以及禁止的不文明行为,就是为了人们更好地理解、认同社会主义核心价值观并以此指导生活中的各项行为,形成一个具有在共同价值观基础之上的具有强大凝聚力的社会主义社会。

(三)提升公民文明素养和促进社会文明进步

本条例以提升公民文明素养和促进社会文明进步作为落脚点,这是制定本条例的根本目的。公民的文明素养在一定程度上反映了一个国家、一座城市的发展水平。从社会历史的长流中看,一个社会发展得越全面、越充分,这个社会的公民的素质就越高。重要的是，公民的素质因为社会发展而得到提升，其反过来又会促进社会的发展进步。因此，提升公民文明素养和促进社会文明进步具有十分重大的意义，这也是制定本条例的目的所在。

二、立法依据

根据效力等级，本条例的立法依据可以分为三类：

（一）法律

《中华人民共和国慈善法》《中华人民共和国献血法》《中华人民共和国治安管理处罚法》《中华人民共和国道路交通安全法》《中华人民共和国网络安全法》《中华人民共和国文物保护法》《中华人民共和国野生动物保护法》《中华人民共和国非物质文化遗产法》《中华人民共和国广告法》《中华人民共和国消费者权益保护法》等涉及文明行为的法律。

（二）行政法规

《志愿服务条例》《城市市容和环境卫生管理条例》《人体器官移植条例》《烟花爆竹安全管理条例》《殡葬管理条例》《公益广告促进和管理暂行办法》等与文明行为相关的行政法规。

（三）江西省地方性法规

《江西省大气污染防治条例》《江西省医疗纠纷预防与处理条例》《江西省动物防疫条例》《江西省实施〈中华人民共和国野生动物保护法〉办法》《江西省消防条例》《江西省见义勇为人员奖励和保障办法》等。

除上述法律、法规外，相关政策与规范性文件也是本条例的立法依据，主要包括：中共中央办公厅、国务院办公厅《关于进一步把社会主义核心价值观融入法治建设的指导意见》；中共中央、国务院《新时代公民道德建设实施纲要》；中共中央、国务院《新时代爱国主义教育实施纲要》等。

第一章 总 则

第二条【适用范围和调整对象】

本市行政区域内的文明行为促进活动，适用本条例。

本条例所称文明行为，是指遵守宪法和法律、法规的规定，体现社会主义核心价值观，符合新时代道德建设要求，传承红色基因，弘扬优秀客家文化，维护公序良俗，引领社会风尚，推动社会文明进步的行为。

【条文释义】

一、本条例的适用范围

本条例的适用范围，是指本条例的效力范围，包括法律的时间效力、法律的空间效力、法律对人的效力。

（一）时间效力

法律的时间效力，是指法律从什么时候开始发生效力和什么时候失效。法律的生效时间主要有以下两种：（1）自法律公布之日起开始生效；（2）法律另行规定的生效时间。本条例第45条对本条例的生效时间作了规定，即2020年12月1日。

（二）空间效力

法律的空间效力，即法律适用的地域范围，是指法律在什么地方发生效力。关于本条例的空间效力问题，按照法律空间效力范围的普遍原则，是适用于制定机关所管辖的全部领域，《赣州市文明行为促进条例》作为赣州市人民代表大会常务委员会所制定的地方性法规，其效力自然及于赣州市行政区域。2020年9月15日赣州市人民政府发布的关于行政区划的文件显示，2019年年末，赣州市辖赣县区、章贡区、南康区3个市辖区，以及大余县、上犹县、崇义县、信丰县、龙南县、定南县、全南县、安远县、宁都县、于都县、兴国县、会昌县、石城县、寻乌县 14 个县，代管瑞金市 1 个县级市，共 18 个县级政区。全市有 7 个街道办事处、145 个镇、140 个乡（含民族乡 1 个）、496 个居民委员会、3461 个村民委员会。凡在上述区域内的文明行为促进活动都受到本条例的调整。

(三) 对人的效力

根据本条款的规定，本法适用的主体是在赣州市范围内的单位和个人。这里的单位既可以是我国的法人和其他组织，也可以是外资企业和其他组织；个人可以是中国公民，也可以是外国公民。

二、本条例的调整对象

法律调整的对象是指客观上可以接受规范性的组织作用，而在一定的社会政治条件下也要求通过法律规范以及构成法律调整机制的其他一切法律手段来实现这种作用的社会关系。根据本条第 1 款的规定，本条例的调整对象是文明行为。

(一) 文明行为的概念

文明行为是一种以提高人类社会共同生活质量为目的、在个人意识支配下的行为。"文明"一词与"落后"相对应，是社会发展阶段的状态体现。在思考法律调整问题时，调整对象比调整手段、调整方法更具根本性。只有在正确地决定法律是否可能、有无必要对某一社会关系进行调整后，才能有效地选择法律调整手段、调整方法。法律职业人的工作是一种理智的工作，它通过概念的条分缕析来调整混乱模糊的人际关系。

文明行为是文明行为促进立法的调整对象，对它的界定是本条例的核心内容。本条例用法治思维和法治方式将文明行为界定为"遵守宪法和法律、法规的规定，体现社会主义核心价值观，符合新时代道德建设要求，传承红色基因，弘扬优秀客家文化，维护公序良俗，引领社会风尚，推动社会文明进步的行为"。除上述的内涵式规定外，本条例第二章的第 10 条至第 22 条采用外延式规定，详细地列举了各类具体的文明行为。另外，本条例还运用正反结合法，除从正面规定了什么是文明行为外，还从相反的方面规定了什么不是文明行为，本条例第三章的第 23 条至第 25 条具体列举规定了各类不文明行为。如此，关于"是"的正面规定与关于"不是"的反面规定相互对照，立法的调整对象和范围就更加清晰。

（二）文明行为的内容

本条例所规定的文明行为包括以下几个方面的内容：

第一，遵守宪法和法律、法规的规定是基础。宪法是国家的根本大法，它集中反映掌握国家政权的统治阶级的意志和根本利益，是维护和巩固统治阶级专政的重要工具。它在国家的整个法律体系中居于主导地位，具有最高的法律权威和最大的法律效力。《中华人民共和国立法法》规定下位法不得与上位法和宪法相抵触，《赣州市文明行为促进条例》经赣州市人民代表大会常务委员会通过生效，属于地方市法规，作为宪法、法律以及上级省法规的下位法，本条例不得与其上位法相抵触，且必须遵守相关上位法的规定。反之，不遵守宪法和法律、法规规定的行为肯定是不文明行为，应当重点治理。

第二，社会主义核心价值观是理念。社会主义核心价值观是社会主义法治建设的灵魂。把社会主义核心价值观融入法治建设，是坚持依法治国和以德治国相结合的必然要求。2012 年 11 月，中共十八大报告中将社会主义核心价值观概括为"三个倡导"，即"倡导富强、民主、文明、和谐，倡导自由、平等、公正、法治，倡导爱国、敬业、诚信、友善，积极培育和践行社会主义核心价值观"。党的十八大以来，在以习近平同志为核心的党中央坚强领导下，各地区各部门积极运用法治思维和法治方式，推动社会主义核心价值观的践行，各方面的工作呈现向上向好的发展态势。社会主义核心价值观作为一种价值导向和理念，为公民辨识文明行为提供了一般的、集中的判断标准，为引领社会风尚、推动社会文明提供了正确的风向标。

第三，新时代道德建设要求是准则。2019年中共中央、国务院印发《新时代公民道德建设实施纲要》明确提出要把社会公德、职业道德、家庭美德、个人品德建设作为着力点。这些要求与《赣州市文明行为促进条例》的理念不谋而合，譬如，本条例的第8条就规定公民应当遵守社会公德、职业道德、家庭美德，提升个人品德，维护公序良俗。文明行为应当是符合道德建设要求的行为，《新时代公民道德建设实施纲要》为本条例相关内容的解释和细化提供了明确的准则。

第四，传承红色基因，弘扬优秀客家文化是特色。赣州产生的客家文化是客家人在长久历史中共同创造的各种物质文化和精神文化的总和，具有强大的凝聚力和向心力，不仅曾经帮助客家先民在艰苦卓绝的岁月里求生存求发展，也成为当下客家族群情感维系的精神纽带和客家地区全面建成小康社会的精神动力。客家人在长期与恶劣的自然环境抗争的过程中，代代相传并逐渐形成自身独特的思维方式、价值观念和行为准则等，更是磨砺出了意蕴丰富的客家优良传统和客家精神，譬如，苏区精神、长征精神。这些优秀的红色文化和客家文化，是文明行为促进的精神源泉，红色文化和优秀客家文化的传承与弘扬，可以形成深层次的文化积淀，促进公民进一步作出文明行为。

第五，维护公序良俗，引领社会风尚，推动社会文明进步是效果。提升公民素养，促进社会文明进步是制定本条例的根本目的。所有的文明行为最终的效果都表现为对公序良俗的维护、对社会风尚的引领，并最终推动社会文明的进步。一个行为文明与否，归根结底还是要看其是否符合目的的要求，能否推动社会文明进步。那些维护公序良俗，推进社会文明发展进程的行为是文明的、值得提倡的。

第三条【文明行为促进活动应坚持的原则】

文明行为促进活动应当遵循法治与德治相结合、倡导与治理相结合、政府主导与社会共治相结合、奖励与惩戒相结合的原则。

【条文释义】

法律原则是指可以作为法律规则的基础或者本源的综合性、稳定性原理和准则，指导和协调着全部社会关系或某一领域的社会关系的法律调整机制，任何立法动议都离不开法律原则的指导。文明行为促进条例作为促进型立法，主要的功能不是惩罚和压制，其本质上是一种鼓励和引导行为的方式，以鼓励、奖励、支持、促进为主要特色的调整机制。文明行为促进条例作为一种"软法"，更加强调政府职能的服务性和主导性；另外，文明行为的规范与公民的社会生活息息相关，体现了"群众性"。因此，基于文明行为促进活动的特点，其需要以法治与德治相结合、倡导与共治相结合、政府主导与社会治理相结合、奖励与惩戒相结合为原则来为文明行为促进活动提供方向指引。

(一) 法治与德治相结合原则

法治与德治作为的两种手段，都具有规范社会行为、维护社会秩序的作用。法律是准绳，任何时候都必须遵守；道德是基石，任何时候都不得忽视。要既讲法治又讲德治，重视发挥道德教化作用，把法律和道德的力量、法治和德治的功能紧密结合起来，把自律和他律紧密结合起来。在文明行为促进方面，法治与德治发挥着各自的功能优势。法治的功能在于对文明行为进行范围的界定，通过法律规范的规定明确文明行为和不文明行为的范围，利用法律规范的强制力对重点的不文明行为进行治理，通过他律促进公民在文明行为方面的自律，减少不文明行为。德治的功能在于通过对公民的道德教化，提升公民文明素养，鼓励和倡导公民作出文明行为。

（二）倡导与治理相结合原则

倡导即提倡，其对象是好的、正向的，具有积极作用的人、事或行为，在文明行为促进活动中是指要倡导文明行为；而治理即整治处理，其对象是产生消极作用的人、事或者行为，在本条例中是指治理不文明行为。在文明行为促进工作中要坚持"两手抓、两手都要硬"，既要向公民宣传、倡导文明行为，又要治理辖区内不文明的行为。两者的实施可以采用不同的手段进行，对文明行为，可以通过各方面的制度进行倡导和鼓励；而对不文明的行为，则可以通过法治的手段、行政的手段、共治的手段等来进行治理。

（三）政府主导与社会共治相结合原则

1. 政府主导与社会共治相结合的必要性

良好的社会治理机制，必须要求政府导向作用和社会公众参与，二者缺一不可。因此，文明行为促进活动必须要认识到政府的主导作用，同时也要认识到社会参与的不可替代性。

（1）政府主导的必要性。政府主导，既不是指政府扮演"大家长"一样的角色向社会公众发布命令，要求人们必须做或者禁止做某些事情，也不是指扮演"保姆"角色，不论事情重要大小一概包揽于一身，而是指在明确自身职责的基础上，依据自身的优势充分发挥领导作用，为社会公众的行为指引方向。政府主导的必要性有如下几点原因：

第一,文明行为促进活动的复杂性。首先,文明行为涉及的主体具有复杂性。不同行业的人需特别注意的文明行为不同。尽管有一些文明行为是各个领域的人都需要遵守的,但是不同领域必然有自己需要特殊遵守的规范。其次,主体的复杂性决定了利益的复杂性。主体多元化意味着利益需求不同,不同的主体都代表着不同的利益。所以,能否平衡好各方的利益是直接影响文明行为促进活动效果好坏的一个关键因素。再次,文明行为的内容具有复杂性。即使是同一领域所要求的文明行为,其内容也是纷繁复杂的,既要符合本领域的特点,也不能影响本领域的生活、生产,加重人们的负担。最后,文明行为促进活动不是一种私人事务,其属于一种公共事务。这些原因共同决定了政府主导职能在文明行为促进活动中不可替代的作用。

第二,政府具有权威性。在代表公共利益方面,政府所具有的权威性是其他机构、团体或者个人所不能比拟的。因此,政府在文明行为促进活动中则最具有号召力和动员能力,能够充分发挥引导作用。

第三,政府具有信息优势。现代社会是一个数字化信息社会,掌握信息的多少往往决定一件事情的成败。与其他机构、团体和个人相比,政府拥有决策、资金、信息流、技术、专业人才、组织等诸多优势,尤其是在信息获取方面,而要发挥领导作用,就必须始终掌握最新、最全面、最正确的信息,所以政府主导在文明行为促进活动中具有必要性。

(2)社会共治的必要性。社会共治,是指多元主体根据民主、平等、协商等价值理念,通过相互沟通、协调等方式达成共识,并以此为依据有序地参与到基层治理的模式。社会共治有其特有的优势,在功能上与政府相互补充,同样是文明行为促进活动中不可缺少的治理模式。

第一，主体参与的广泛性。文明行为促进活动强调对公民文明行为方面的改善和促进，而这些内容往往都与社会生活息息相关，呈现很强的"群众性"，公民在促进型法规中呈现较为主动的角色。不同领域的主体或者同一领域不同的个人在共治过程中，依据各自的利益与其他人达成利益分配的共识，最后通过各方合作，形成优势互补，共同促进社会文明进步。文明行为促进活动需要社会多方主体的合作，从而推动社会文明进步。

第二，促进文明行为的直接性。首先，行为主体的大多数是社会公众。文明行为促进的程度取决于大多数社会公众的文明程度，社会公众的行为直接影响文明行为的促进效果。其次，社会公众能够直接监督、举报或者劝导不文明行为。与政府工作人员数量相比，社会公众具有绝对优势，而且不文明行为通常发生在社会公众身边，因此走群众路线，依靠群众在文明行为促进工作中十分重要。最后，社会文明进步与否或者文明促进工作方式是否合理，社会公众是直接体验者，因而对文明行为促进活动中出现的问题，社会公众具有发言权，可以直接提出自己的建议或意见以便更有效、更合理地促进文明行为。

2. 政府主导与社会共治相结合的方式

（1）政府主导的途径。政府主导有利于文明行为促进活动符合社会主义核心价值观，有利于借助行政力量整合社会资源开展文明行为促进活动。政府主导的途径应当根据其自身的优势，在充分发挥其导向作用的基础上予以确定，具体方式如下：

第一，加强文明行为宣传与普及工作。宣传与普及工作是文明行为促进活动中一个重要环节。只有让政策、法律规范和道德规范为公众所了解，文明行为促进工作才能有效开展，人们才会理解和支持这一工作。为了促使政府积极履行该项工作，本条例第 26 条规定，各级人民政府和有关部门、精神文明建设工作机构应当开展文明城市、文明村镇等创建活动。这些活动进行的过程有利于文明行为的宣传和普及。

第二，发挥示范作用。政府要发挥其主导作用，其自身就必须有良好的工作作风，以其文明行为为社会公众作榜样。本条例第 7 条第 2 款规定："机关应当在文明行为促进活动中发挥示范作用。"本款的目的就是使政府加强自身工作作风，率先按照文明行为的规范办事，以给社会公众作榜样。

第三，加强信息公开和交互。一方面，政府凭借自身优势更容易掌握关于文明行为促进工作的信息，所以其需要及时公开相关信息，保障公众的知情权，让公众能更科学、更方便地对该工作建言献策。对此，政府需要完善信息公开方式，拓展信息公开渠道。比如，除了在传统的政府工作网站、公报上宣传，还可以创建微信公众号、微博或者在某些流行的短视频平台上发布相关信息。另一方面，信息交互也十分重要。政府在公开信息后，应当及时获取公众的反馈；政府也应当建立一条由社会公众向政府传导的信息线路，全方面地获取信息，及时了解民情民意。

第四，加强日常检查管理。本条例第 35 条规定，相关部门应当加强日常检查，及时发现、制止、查处相关领域的不文明行为。对于重点整治的不文明行为，各级政府及其相关部门，应当特别关注，积极履行职责，通过依法查处不文明行为，向社会传递哪些行为为法律所不允许的信号。

第五，为文明行为促进活动提供保障。政府要发挥其主导作用，不仅表现在通过自身的行为引领社会公众，也表现在为文明行为提供政策保障或者物质保障等方面上，为社会公众文明行为提供方便。例如，本条例第 29 条第 1 款规定，"各级人民政府及有关部门应当完善环境卫生、公共秩序、交通出行、文化体育、无障碍环境等公共服务设施，为单位和个人践行文明行为提供保障"。

（2）社会共治的方法。社会共治有利于借助机关、群团组织、基层自治组织、企事业单位、社会团体、社会组织力量，促进全面参与。社会共治的方法应当结合自身的优势，在充分发挥基层治理作用的基础上加以确定，具体方法如下：

第一，基层群众自治与行业协会、工会、团体等自我管理。基层群众自治组织可与组织成员约定文明行为规范并予以监督管理。例如，本条例第 18 条第 1 项规定，"遵守村规民约，推动移风易俗，破除陈规陋习"。其中，村规民约就是基层群众自治的方式之一。村规民约由村民协商约定而成，而且更加符合本地区生活特点，所以村民更愿意遵守从而促进文明行为习惯的养成。就各行各业而言，相应的行业协会可以就本行业特点制定行业规范，从而培养行业文明行为的浓厚氛围。

第二，发挥不同群体优势，协同促进文明行为。不同的社会群体有不同的优势，各群体根据自身优势运用不同的方法来促进社会文明进步。例如，本条例第 27 条规定，报刊、广播等媒体应当宣传文明理念，监督不文明行为，在主次干道、公园广场等人员较集中的区域依法设置、刊播公益广告，宣传文明行为。报刊、广播、电视等媒体自身的优势在于信息的传递，所以这类群体主要负责宣传文明行为以及监督不文明行为。另外，不同部门可以协同保障或者促进文明行为。

第三，发挥群众监督、举报、投诉和劝导的作用。如果仅依靠政府履行监督管理职责，那么日常生活中的不文明行为会不可避免地被遗漏，但是当社会公众参与进来，这种情形会大幅减少，依靠群众的工作方法是必须坚持的。因此，本条例第 36 条第 2 款规定，任何单位和个人有权对不文明行为进行劝导，并可以向政务热线或者有关执法部门举报、投诉。

（四）奖励与惩戒相结合原则

奖励与惩戒相结合原则，是通过奖励的方式正向激励人们遵守文明行为规范并促进文明行为习惯的养成，通过惩戒的方式反向迫使人们不得实施不文明行为的文明行为促进活动的指导准则。通过奖励与惩戒相结合的方式，促进文明行为促进活动的顺利开展。对于鼓励的文明行为，应当通过各种礼遇、表彰奖励、优先录用等予以激励；对于不文明行为，尤其是重点治理的不文明行为则应当进行惩戒。

奖励应当注意一定的方式，必须以文明行为的促进作为目的。另外，必须将奖励的幅度控制在合适的范围区间，过当的或者不具有激励作用的奖励措施都不能被采取。同理，惩戒也应当注意范围和程度，在传统立法体系中，威慑和惩罚是规制人们行为的重要手段，这种依托国家强大力量而形成的治理方式，在很大程度上对促进社会稳定和改善经济环境起到了重要的作用，但其也存在弊端。因此，必须合理地将某些行为认定为不文明行为并予以相应程度的惩罚，既不能一概而论地将某些行为划分为不文明行为，不当增加公民的义务，也不能"一刀切"地将不同程度的不文明行为均配置同样的惩戒方式。例如，本条例第 24 条第 1 款是关于城区饲养犬只的禁止性规范，第 7 项是兜底条款，即"其他法律、法规禁止的行为"。在适用本项的规定时，相应的行为必须与前 6 项在行为性质、不文明的程度上相似，不能随便就将"其他"饲养犬只的行为认定为不文明行为或者进行不当处罚。

第四条【主管部门的职责】

市、县（市、区）精神文明建设指导委员会应当统筹推进本行政区域内的文明行为促进工作，研究解决文明行为促进工作中的重大问题。

市、县（市、区）精神文明建设工作机构具体负责本行政区域内文明行为促进的指导协调、督促检查、评估考核等工作，定期组织开展公共文明指数测评，并向社会公布。

【条文释义】

一、精神文明建设指导委员会概述

（一）精神文明建设指导委员会的成立

中共中央《关于加强社会主义精神文明建设若干重要问题的决议》规定："为加强协调，中央成立精神文明建设指导委员会。各省、自治区、直辖市可建立相应的机构。"1997年4月21日，中共中央发出《关于成立中央精神文明建设指导委员会的通知》，中央精神文明建设指导委员会始得成立。中央精神文明建设指导委员会是党中央指导全国精神文明建设工作的议事机构。相应地，各省、自治区、直辖市以及设区的市等行政区域可建设地方性精神文明建设指导委员会，在中央精神文明建设指导委员会的领导下，具体负责本行政区域的精神文明建设工作。赣州市精神文明建设指导委员会统筹负责赣州市内的文明行为促进工作。

（二）精神文明建设指导委员会的职责

中央精神文明建设指导委员会的主要职责是，督促检查各地、各部门贯彻落实中央关于精神文明建设的一系列方针、政策的情况；协调解决思想道德和文化建设方面的有关问题；总结推广交流先进经验；深入调查研究，为中央决策提供建议。由此可见，精神文明建设指导委员会的工作是宏观层面的工作。

根据本条第1款的规定，赣州市和县（市、区）精神文明建设指导委员会的职责是：一方面，统筹推进本行政区域内的文明行为促进工作。换句话说，精神文明建设指导委员会负责宏观层面的文明行为促进工作，为促进工作指引方向，给予宏观指导。例如，指导和监督精神文明建设工作机构或者其他相关部门开展文明城市、文明村镇等创建活动，具体实施办法则由具体工作机构具体确定。另一方面，研究解决文明行为促进工作中的重大问题。对于文明行为促进工作中仅涉及部分地区或者部分人群的问题，可以由具体工作部门根据情况加以解决，但是那些在本地区具有普遍性、全局性或者较为突出的问题，需要由精神文明建设指导委员会在充分调查、获取丰富信息的基础上，在了解各方面意见的情况下，在充分预估相应的结果后，认真研究解决。

二、精神文明建设工作机构的职责

精神文明建设工作机构，主要是指精神文明建设指导委员会下设的精神文明建设办公室（简称文明办）。各级文明办在各级精神文明建设委员会指导下，具体承担精神文明建设日常工作。根据本条第2款的规定，其在文明行为促进工作中的日常工作主要有以下几项。

第一，指导协调开展文明行为促进工作。文明办既可以指导协调相关部门，也可以帮助社会团体、单位等实施文明行为促进工作。指导协调的内容通常包括：提供相应的文明行为规范，帮助制定本部门或者团体等的文明行为促进方案；提供相应的物质便利，协调各主体的优势以促进各主体合作共赢等。

第二，督促检查文明行为工作落实情况。各级文明办需要加强日常检查工作，督促相应主体遵守文明规范，监督工作的执行情况。对于违反文明行为规范或者工作不落实的主体，及时劝导并向有关机关反映以及提出整改意见。

第三，定期评估考核。评估考核的主要内容是本条例的实施情况，包括文明行为规范的指导效果，重点整治的不文明行为的整改情况，文明行为保障和促进工作的落实是否到位等。根据评估的结果，及时制订相应计划以增强本条例的积极效果或者对本条例中的相关规定提出建议。

第四，定期组织开展公共文明指数测评，并向社会公布。公共文明指数是体现市民素质水平，反映城市文明建设进程和文明创建活跃程度的综合指标，对文明行为促进工作具有指导性的意义。各级文明办应当根据《中央精神文明建设指导委员会关于评选表彰全国文明城市、文明村镇、文明单位的暂行办法》、《全国文明城市测评体系》及《公民道德建设实施纲要》以及根据上述规定制定的本地区的实施细则，通过实地考察、问卷调查等方式对测评内容进行全面测评后，认真、科学、实事求是地计算出公共文明指数，并且向社会公布。

第五条【政府的职责】

市、县（市、区）人民政府应当将文明行为促进工作纳入国民经济和社会发展规划，所需经费列入本级财政预算，制定相关政策措施，推动文明行为促进工作与经济社会协调发展。

市、县（市、区）人民政府工作部门应当在各自职责范围内做好文明行为促进工作。

乡（镇）人民政府、街道办事处应当将文明行为促进工作纳入工作日程，做好本行政区域（辖区）内的文明行为促进工作。

工会、共青团、妇联等有关人民团体和群众团体应当根据各自章程规定，发挥自身优势，组织开展具有群体特色的文明行为促进活动。

【条文释义】

本条贯彻了政府主导与社会共治原则。市、县（市、区）和乡（镇）人民政府在本行政区域内主导文明行为促进工作，工会、共青团、妇联等有关人民团体和群众团体根据各自的优势开展具有群体特色的文明行为促进活动。

一、市、县（市、区）人民政府的职责

文化行为促进工作要顺利开展，在宏观层面上需要规划先行、经费保障与政策保障。因此，市级、县级政府应将其纳入国民经济和社会发展规划，将其所需经费纳入财政预算，并制定相关政策措施。纳入国民经济和社会发展规划同时也有利于文明行为促进工作与经济社会的协调发展。

（1）将文明行为促进工作纳入国民经济和社会发展规划。国民经济和社会发展规划，是全国或某一地区的经济、社会发展的总体纲要，是具有战略意义的指导性文件。国民经济和社会发展规划统筹安排和指导全国或某一地区的社会、经济、文化建设工作。《中华人民共和国国民经济和社会发展第十四个五年规划和2035年远景目标纲要》提出到2035年我国要建成文化强国、教育强国、人才强国、体育强国、健康中国，国民素质和社会文明程度达到新高度，国家文化软实力显著增强。《赣州市国民经济和社会发展第十四个五年规划和二〇三五年远景目标纲要》明确提出要加快建设较大影响力的文化强市，加强文化建设工作。文明行为促进工作是完成2035年建成文化强国、国民素质和社会文明程度达到新高度以及赣州市打造文化强市的关键举措，然而欲通过文明行为促进立法

来树立良好的社会风尚、推动社会的良法善治，是一项长期、复杂的系统工程，需要坚持不懈的长期安排。因此，政府有必要将文明行为促进工作纳入国民经济和社会发展规划。

（2）所需经费列入本级财政预算。将文明行为促进工作所需经费列入本级财政预算，从经济上给予了该工作坚实的保障，是十分重要的一步。《中华人民共和国预算法》第5条第1款规定："预算包括一般公共预算、政府性基金预算、国有资本经营预算、社会保险基金预算。"第6条第1款规定："一般公共预算是对以税收为主体的财政收入，安排用于保障和改善民生、推动经济社会发展、维护国家安全、维持国家机构正常运转等方面的收支预算。"根据这两条规定，应当将由政府主导的文明行为促进工作所需经费纳入一般公共预算中。

（3）制定相关政策措施。文明行为促进工作的有效实施需要得到政策上的支持。根据《中共中央关于加强社会主义精神文明建设若干重要问题的决议》，具体可以制定以下政策措施：第一，将文明行为促进活动纳入宣传文化事业的财政专项资金中，以获得必要的物质保障。第二，运用税收、贷款、价格等经济手段支持宣传文化事业，进一步贯彻宣传文化事业的财税优惠政策，对支持文明行为的支出部分依法予以优惠。第三，鼓励社会力量资助宣传文化事业。对宣传文明行为表现突出的单位和个人给予奖励。第四，图书馆、博物馆、科技馆、文化馆、革命历史纪念馆等公益性事业单位，给予经费保障。第五，加强宣传文明行为的基本建设，要把有限的资金更多地用于重要的宣传文化单位和直接为群众服务的文化设施建设上。在城市建设中，要配套搞好公共文化设施。通过全面的基础设施为文明行为促进活动提供便利的条件。

第一章 总则

二、市、县（市、区）人民政府工作部门的职责

在赣州市文明行为促进工作中，市、县（市、区）政府工作部门主要包括城市管理、公安机关、生态环境、文广新旅、交通运输、民政、农业农村、卫生健康、市场监督管理、网信等部门。文明行为促进活动涉及的范围较为广泛，需要各个部门的共同作用，在各自的职责范围内做好文明行为促进工作，促进文明行为促进工作的顺利开展。例如，网信部门应当加强网络空间治理，净化网络环境，倡导文明上网，推动网络文明建设；公安机关应当在依法打击违法犯罪、开展治安防范、处置矛盾纠纷的过程中，加强法治教育和道德教育，维护社会和谐稳定；民政部门应当提升社区治理水平，推进美丽社区建设，加强教育引导，推进文明祭扫，规范殡仪服务；交通管理部门应当加强道路交通法律法规和安全知识宣传教育，应当文明出行；交通运输部门应当加强对公共交通工具运输单位的监督管理，提高从业者的职业道德和文明素养，提升文明服务水平；农业农村部应当培育乡风文明，提升农民精神风貌，推进美丽乡村建设；文旅部、城市管理等部门应当将文明服务纳入行业服务标准，督促指导有关单位开展行业特色的文明行为促进活动。

三、乡（镇）人民政府、街道办事处的职责

乡（镇）人民政府、街道办事处与人民群众联系更直接、更方便，因此主要负责文明行为促进工作中的具体执行问题。将文明行为促进工作纳入工作日程，要求乡（镇）人民政府、街道办事处在日常行政性工作中将宣传、促进文明行为也作为一项日常性工作。例如，在公共广场加强文明行为宣传工作；在日常监督管理过程中，加强对不文明行为的查处或者积极搜集文明行为促进工作进展信息，归纳分析后上报上一级政府等。总之，乡（镇）人民政府、

街道办事处应当充分发挥自身与群众之间直接而且方便联系的优势，在日常工作中完成文明行为促进工作。

四、工会、共青团、妇联等有关人民团体和群众团体的职责

工会、共青团、妇联等有关人民团体和群众团体在文明行为促进中的职责，是根据各自章程规定，发挥自身优势，组织开展具有群体特色的文明行为促进活动，这属于社会共治的内容，所以要充分发挥社会共治的广泛性、直接性和群体特色性的优势。

工会、共青团、妇联等团体的显著特征在于人合性，是相同的一类人基于共同的目的的集合。这一特征决定这类群体具有明显区别于其他群体的特色，因此可以根据该特色而采用适应该特色的文明行为促进方法。例如，共青团是广大青年在实践中学习中国特色社会主义和共产主义的学校。共青团的特点在于主体是先进青年，学习的是党的先进思想，所以共青团要适应青年特点，以党的先进思想为指导，引导青年培养文明行为的习惯。网上团课就是一种很好的宣传党史、弘扬红色精神的方式，能够提升青年的道德水平。

第六条【基层群众性自治组织的职责】

村（居）民委员会应当加强对文明行为的宣传与引导，协助做好文明行为促进工作。

【条文释义】

一、基层群众性自治组织概述

基层群众性自治组织，是中国在城市和农村按居民的居住地区建立起来的居民委员会或者村民委员会，是城市居民或农村村民自我管理、自我教育、自我服务的组织。村委会、居委会作为基层群众自治组织,其参与文明行为促进工作的制度基础是基层群众自治制度。根据《中华人民共和国宪法》《中华人民共和国村民委员会组织法》《中华人民共和国城市居民委员会组织法》等法律的规定,村委会、居委会作为基层群众自治组织,主要负责办理自治单元内的公共事务与公益事业,调解民间纠纷,协助维护社会治安,向人民政府反映村民的意见、要求和提出建议。

基层性、民主性、自治性是基层群众自治组织的主要特性。第一,基层性表现为基层群众自治组织主要设立在某一乡镇或街道所辖的基层社会,坚持在党的领导下,通过调动群众力量开展文明行为促进活动。基层群众自治组织往往处于文明行为促进工作的"第一线",可以随时了解到辖区内村(居)民在文明行为促进方面的实施情况,反过来,也有利村(居)民对文明行为促进活动提出利益诉求。第二,民主性表现为基层群众自治组织由居民通过民主选举产生,基层群众自治组织的运行需要依照民主决策与民主管理程序,并自觉接受民主监督。第三,自治性主要体现在基层政府与基层群众自治组织的关系层面,即基层政府对基层群众自治组织的文明行为促进工作给予指导、支持和帮助,不得干预依法属于基层群众自治范围内的事项,基层群众自治组织协助基层政府开展工作。

二、基层群众自治组织的职责

(一)加强对文明行为的宣传与引导

根据《中华人民共和国村民委员会组织法》第9条的规定,村民委员会应当宣传宪法、法律、法规和国家的政策,教育和推动村民履行法律规定的义务,发展文化教育,普及科技知识,开展多种形式的社会主义精神文明建设活动。《中华人民共和国城市居民委员会组织法》第3条第1项规定,居民委员会应当宣传宪法、法律、法规和国家的政策,教育居民履行依法应尽的义务,开展多种形式的社会主义精神文明建设活动。结合本条的规定，村民委员会和居民委员会在文明行为促进工作中，应当加强文明行为的宣传和引导，发展文化教育，积极举办文明行为创建活动。

基层群众自治组织开展文明行为促进工作时，应当注意充分发挥自身的优势。首先，发挥自身群众性的特点。村委会和居委会成员本身从群众中由群众选举组成，要充分认识到自身与群众天然的紧密联系的优势，利用好这一优势宣传文明行为的重要性，并且为村民或者居民做好示范。例如，村委会可以在中午休息时间，通过广播宣讲文明行为内容或者文明行为故事，开展文明家庭、文明模范评选活动等。其次，发挥基层性的特点。村委会和居委会具有很强的地域性的特点，是某一特定居住地区的自治组织。因此，村委会和居委会应当结合本地区和人口的特点寻找适合本地区特色的方式以营造文明行为的氛围。

（二）协助做好文明行为促进工作

文明行为促进工作由政府主导进行，基层群众自治组织应当协助政府执行相应的工作。在这里需要注意基层群众自治组织和基层人民政府的关系：

一方面，村委会和居委会有协助基层政府开展工作的义务。《中华人民共和国村民委员会组织法》第5条规定："乡、民族乡、镇的人民政府对村民委员会的工作给予指导、支持和帮助，但是不得干预依法属于村民自治范围内的事项。村民委员会协助乡、民族乡、镇的人民政府开展工作。"《中华人民共和国城市居民委员会组织法》第2条第2款："不设区的市、市辖区的人民政府或者它的派出机关对居民委员会的工作给予指导、支持和帮助。居民委员会协助不设区的市、市辖区的人民政府或者它的派出机关开展工作。"根据上述规定，"协助做好文明行为促进工作"是基层群众自治组织的法定义务。以基层群众自治组织为载体开展的自治活动，其目的是通过群众自治与政府治理的互动，串联并整合个体利益与社会公共利益。

在文明行为促进工作中，"协助"义务的目的在于利用基层群众自治组织对辖区公民文明行为的信息整合与组织动员优势，参与政府的文明行为促进活动，辅助政府文明行为促进工作的开展。按照协助行为的一般理解，作为协助方的基层群众自治组织需要以被协助方即政府的协助需求为前提，而不能自作主张、自我赋权参与政府文明行为促进活动。另外，"协助"行为作为政府行政管理行为的延伸，本身就具有一定的国家行政权色彩，但是基于基层群众自治组织的自治属性，"协助"的范围和力度自然不能等同于国家行政权力。

另一方面，基层政府需要对村委会和居委会开展文明行为促进工作给予指导、支持和帮助，包括经济、技术和文化等层面上的支持。总之，文明行为促进工作需要基层政府和基层自治组织通力合作、共同完成。

第七条【全社会共同推进文明促进活动】

文明行为促进是全社会的共同责任。

机关应当在文明行为促进活动中发挥示范作用。

企业事业单位、社会团体、其他组织和个人应当参与文明行为促进活动。

公职人员、人大代表、政协委员、教育工作者、先进模范人物、社会公众人物、文明劝导员等应当在文明行为促进活动中发挥表率作用。

【条文释义】

一、文明行为促进是全社会的共同责任

文明行为促进是社会主义精神文明建设重要的一环，其最终目的就是促进社会文明进步。社会文明的进步，一方面是全社会成员自身文明素养的改善，另一方面是社会的整体进步促进个人的进步，满足人们日益增长的美好生活需要。归根结底，文明行为促进是一项需要全社会成员互相协作、在各自领域内努力提升文明程度的共同的任务。

明确这一点，为全社会成员遵守文明规范、劝导、举报或者投诉不文明行为提供了理论和法律（广义）上的依据。本条例第四章关于文明行为的保障与促进是对本款的贯彻实施。例如，第27条第1款规定，报刊、广播等媒体应当倡导文明理念，监督不文明行为，在人员较集中的区域依法设置、刊播公益广告，宣传文明行为。再如，第36条第2款规定："任何单位和个人有权对文明行为促进工作提出意见、建议，对不文明行为进行劝导，并可以向政务热线或者有关执法部门举报、投诉。"这些规定都是为了使全社会成员承担起文明行为促进的责任，加快社会文明进步的进程。

二、机关在文明行为促进活动中的责任

机关单位，即国家机关，是从事国家管理和行使国家权力的机关，是国家为行使其职能而设立的各种机构，是专司国家权力和国家管理职能的组织。本条所指机关是指，赣州市各级人民代表大会以及县级以上人大常委会、各级人民政府及其各部门、检察院、法院、各级监察委员会。这些机关在履行其职责时应当起到文明示范作用。

榜样有无穷的力量，示范是高效的引领。"一级做给一级看，一级带着一级干"是我们推动各项工作健康、高效开展的重要方法和成功经验。文明行为促进工作，同样需要机关充分发挥示范带头作用。地方国家机关既代表一个国家的形象，也集中体现着本行政区域的文明程度。国家机关及其相关人员由人民直接或者间接选出，对人民负责，受人民监督，应当给人民群众以及其他社会团体发挥示范作用，为文明行为促进活动树立榜样，引领社会公众作出文明行为。本条例第9条规定，政务服务窗口单位、医疗机构、金融机构、景区管理机构、公共服务企业等应合理设置服务网点和服务窗口，优化办事流程，提供高效、文明礼貌的服务，发挥文明服务示范作用。

三、企业事业单位、社会团体、其他组织和个人在文明行为促进活动中的责任

正如本条第1款的规定，促进文明行为是全社会的共同责任，企业事业单位、社会团体、其他组织和个人参与到文明行为促进活动中，积极奉献各自的力量。根据本条例的规定，企业事业单位、社会团体、其他组织和个人有如下责任：

（一）企业事业单位、社会团体、其他组织的责任

公共企业事业单位是指依照法律规定承担社会公共服务职能的企业、事业单位，其范围包括国有企业、民营企业及教育、科技、文化、卫生等事业单位。事业单位是以政府职能、公益服务为主要宗旨的一些公益性单位、非公益性职能部门等。它参与社会事务管理，履行管理和服务职能，宗旨是为社会服务，主要从事教育、科技、文化、卫生等活动。社会团体，是指为一定目的由一定人员组成的社会组织，如宗教、科技、文化、艺术、慈善事业等群众团体。根据《最高人民法院关于适用〈中华人民共和国民事诉讼法〉的解释》第52条的规定，其他组织是指合法成立、有一定的组织

机构和财产，但又不具备法人资格的组织。譬如，依法登记领取营业执照的个人独资企业、依法登记领取营业执照的合伙企业。

相较于个人，企业事业单位、社会团体、其他组织的显著特点在于人的集合。因此，这些单位在文明行为促进活动中既要遵守共同的文明行为规范，又有自身独特的责任方式。具体责任主要如下：第一，发挥文明示范作用。本条例第9条规定，医疗机构、金融机构等应当发挥文明服务示范作用，提供高效便捷、文明礼貌的服务。第二，文明经营。经营单位在经营过程中应当诚实守信、公平竞争，保护消费者的合法权益。第三，参加志愿服务和慈善捐赠活动。第四，文明行为培训。本条例第28条第1款规定："机关、企业事业单位、社会团体和其他组织应当将文明行为培训纳入入职培训、岗位培训内容。"第五，提供相应的便民设施。医疗机构、景区景点或者大型商场应该配备母婴室、无障碍卫生间等便民设施，为践行文明行为提供便利的环境。第六，表彰文明模范人员。本条例第33条第3款规定："鼓励机关、企业事业单位、社会团体和其他组织对其模范遵守文明行为规范的工作人员或者会员进行表彰。"第七，优先录用、聘用文明模范人物。在招考招聘时，企业事业单位、社会团体和其他组织应在同等条件下对践行文明行为表现突出的人员予以优先录用、聘用，这既可以宣传本企业或者组织的文化，也可以鼓励其他人员积极践行文明行为，营造一个文明的工作环境。

（二）个人的责任

精神文明建设本质上是个人的文明和进步，文明行为的促进无论何时都离不开个人的作用。根据本条例的规定，个人的责任具体有：第一，遵守文明行为规范。本条例第二章专章规定文明行为的内容，其中较大部分是关于个人的行为，主要包括爱党爱国爱社会主义、遵守法律和社会公德、维护公共场所秩序和公共环境、践行健康生活方式，文明出行、上网、旅游和就医，树立优良家风，弘扬和传承苏区精神、长征精神和优秀客家文化。第二，禁止实施不文明行为。主要包括一些日常生活行为，如随地吐痰、占用堵塞疏散通道、公共场所吸烟、行人闯红灯等行为；不文明的饲养犬只行为；违法猎捕、出售野生动物等行为。第三，积极参加文明创建活动。个人应当积极响应政府文明创建活动的号召，为建设文明城市、文明村镇、文明单位或者文明家庭贡献个人的力量。第四，积极参加志愿服务活动。第五，提出建议和意见。个人可以就文明行为促进工作提出自己的建议和意见，帮助相关工作有效开展。第六，劝导、举报或者投诉不文明行为。对于被发现的不文明行为，个人可以进行劝导，规劝行为人停止实施不文明行为；也可以向政务热线和相关执法部门举报、投诉。

四、公职人员、人大代表、政协委员、教育工作者、先进模范人物、社会公众人物、文明劝导员等人员在文明行为促进工作中的责任

公职人员、人大代表、政协委员、教育工作者、先进模范人物、社会公众人物、文明劝导员等应当在文明行为促进活动中发挥表率作用。首先，公职人员、人大代表是国家机关的工作人员，是国家通过择优录取选拔或者由人民选举产生的，代表着国家和地方机关的形象；政协委员发挥政治协商作用，在一定程度上也代表着国家和地方的形象。因此，这类人员必须要在促进文明行为中发挥表率作用，为其他人树立榜样。其次，教育工作者承担的教育使命具有极其重要的意义，尤其是对青少年价值观、人生观和世界观的形成有十分重要的影响，所以教育工作者自身行为需要做到文明。再次，先进模范人物、社会公众人物是一种公众形象，其行为文明与否相较于普通个人的影响更为明显，也能直接或间接地影响部分人群的行为方向。最后，文明劝导员本身有劝导他人文明行为的责任，故其文明行为是履行职责的前提。综上所述，上述人员在文明行为促进活动中应当发挥表率作用。

第二章　文明行为规范

【本章为文明行为规范部分，共十五条。主要内容包括文明行为规范要求、服务单位文明行为规范、鼓励行为、公共秩序文明行为规范、公共环境卫生文明行为规范、文明生活行为规范、文明出行行为规范、文明上网行为规范、文明经营行为规范、文明旅游行为规范、乡村文明行为规范、家庭文明行为规范、文明就医行为规范、传承弘扬红色文化、传承弘扬优秀客家传统文化。】

第八条【文明行为规范的概括规定】

公民应当爱党爱国爱社会主义，遵守法律、法规和规章制度，遵守社会公德、职业道德、家庭美德，提升个人品德，维护公序良俗。

【条文释义】

本条是对文明行为内容的集中表达，体现了文明行为规范的共同特征。

第一，公民应当爱党爱国爱社会主义。这是文明行为规范的本质特征和实质要求。《新时代爱国主义教育实施纲要》提出，"爱国主义是中华民族的民族心、民族魂，是中华民族最重要的精神财富，是中国人民和中华民族维护民族独立和民族尊严的强大精神动力。爱国主义精神深深植根于中华民族心中，维系着中华大地上各个民族的团结统一，激励着一代又一代中华儿女为祖国发展繁荣而自强不息"，要"坚持爱党爱国爱社会主义相统一。新中国是中国共产党领导的社会主义国家，祖国的命运与党的命运、社会主义的命运密不可分。当代中国，爱国主义的本质就是坚持爱国和爱党、爱社会主义高度统一。要区分层次、区别对象，引导人们深刻认识党的领导是中国特色社会主义最本质特征和最大制度优势，坚持党的领导、坚持走中国特色社会主义道路是实现国家富强的根本保障和必由之路，以坚定的信念、真挚的情感把新时代中国特色社会主义一以贯之进行下去"。

爱党爱国爱社会主义三者互相联系，你中有我，我中有你。科学把握爱国爱党爱社会主义高度统一的内在关联：爱国是基本纽带、爱党是政治保证、爱社会主义是现实载体。首先，爱国是凝聚三者高度统一的基本纽带。爱国是人类最朴素的情感，也是中华民族的传统美德，贯穿了整个中华民族历史演进的全过程。在不同的历史时期，爱国的内容和要求既是具体的也是不同的，并且在不同的历史时期也涌现出许多爱国人士。其次，爱党是确保三者高度统一的政治保证。在当代中国，中国特色社会主义最本质的特征是中国共产党领导，中国特色社会主义制度的最大优势是中国共产党领导。爱国不是抽象的，也不是将政党剥离出去空谈爱国，而是要承认政党与国家的无法分离关系。拥护和热爱使国家走向兴国安邦繁荣富强的政党，就是爱国主义的表现。最后，爱社会主义是实现三者高度统一的现实载体。方向决定前途，道路决定命运。社会发展道路选择的正确与否，直接关系到党的事业兴衰、国家的前途和人民的幸福。在当代中国，爱国爱党爱社会主义不是一句空口号，而是要落实到具体行动上，它统一于中国特色社会主义的伟大实践。

另外，爱党爱国爱社会主义是文明行为规范的实质要求，任何文明行为规范都必须以此为落脚点。遵纪守法和遵守道德规范也都是以此为基础的行为，否则便失去了行为正当性和文明性的根本。

第二，遵守法律、法规和规章制度，是文明行为的基本特征之一和形式要求。法律和道德紧密相连，法律中必定包含道德的要求，道德原则作为法律所应当维持的底线而内化于法律之中。法律作为最低限度的道德，公民必须遵守。凡是违反法律、法规和规章制度的行为必定也不符合道德的基本要求，文明行为作为公民道德方面的约束，必须遵守法律、法规和规章制度。凡是遵守法律、法规和规章制度的行为都是为社会所认可的行为，是文明行为的当然体现。

第三，遵守道德规范、维护公序良俗是文明行为的基本特征之一和补充要求。道德规范的内容比法律规范更多，因此某些行为虽然不违反法律但不一定符合道德的要求。这一点已经在本条例第3条之法治与德治相结合原则部分作出具体论述。因此，遵守道德规范在行为文明与否的判断标准上具有补充性。《新时代公民道德建设实施纲要》提出，"在全社会大力弘扬社会主义核心价值观，积极倡导富强民主文明和谐、自由平等公正法治、爱国敬业诚信友善，全面推进社会公德、职业道德、家庭美德、个人品德建设"。"推动践行以文明礼貌、助人为乐、爱护公物、保护环境、遵纪守法为主要内容的社会公德，鼓励人们在社会上做一个好公民；推动践行以爱岗敬业、诚实守信、办事公道、热情服务、奉献社会为主要内容的职业道德，鼓励人们在工作中做一个好建设者；推动践行以尊老爱幼、男女平等、夫妻和睦、勤俭持家、邻里互助为主要内容的家庭美德，鼓励人们在家庭里做一个好成员；推动践行以爱国奉献、明礼遵规、勤劳善良、宽厚正直、自强自律为主要内容的个人品德，鼓励人们在日常生活中养成好品行。"因此，加强道德建设并且将文明行为植入道德规范十分必要。

另外,公序良俗,即公共秩序与善良风俗的简称。公序,指公共秩序,是指国家社会的存在及其发展所必需的一般秩序;良俗,指善良风俗,是指国家社会的存在及其发展所必需的一般道德。公序良俗指民事主体的行为应当遵守公共秩序,符合善良风俗,不得违反国家的公共秩序和社会的一般道德。《中华人民共和国民法典》(以下简称《民法典》)第 8 条有对公序良俗的规定,即民事主体从事民事活动,不得违反法律,不得违背公序良俗。在《民法典》中,影响私法自治(主要体现为法律行为)的外在因素仅限于法律的强制性规范和公序良俗。公序良俗影响法律行为的正当性在于:行为人的自治触犯了社会的底线价值,若任其发生行为人追求的私法效果,将严重损害道德秩序。如果一个法律行为的内容、目的和动机违反公序良俗,都将被评价为无效,这是对法律行为否定性最强的评价结果。公序良俗原则涉及的是使人类得以共生的底线道德,违反它的后果是损害每个社会成员都信赖的基本道德秩序。因此,在文明行为促进活动中,公民必须遵守公序良俗这一最低的底线道德,规范自身的行为。

本条在本章中处于指导性规范的地位,从一般层面对文明行为规范进行规定,对其他规范的制定起到指导作用,其他规范则是对本条内容的具体体现。

第九条【公共服务单位文明行为规范】

政务服务窗口单位、医疗机构、金融机构、景区管理机构、公共服务企业等应当发挥文明服务示范作用,合理设置服务网点和服务窗口,优化办事流程,推行网上预约、网上办理,提供便捷高效、文明礼貌的服务。

第二章 文明行为规范

【条文释义】

公共服务是指由政府部门、国有企事业单位和相关中介机构履行法定职责,根据公民、法人或者其他组织的要求,为其提供帮助或者办理有关事务的行为。公共服务单位,是为不特定人群提供相应服务的机构或者企业等单位。其服务范围包括加强城乡公共设施建设,发展教育、科技、文化、卫生、体育等公共事业,为社会公众参与社会经济、政治、文化活动等提供保障,涉及的范围广。另外,公共服务的对象是有需求的全体社会公众,辐射人群多,公共服务单位服务的群体庞大。基于以上两点特征,机关应当发挥文明服务示范作用,树立服务行业的文明形象,引领社会新风尚。

文明无处不在,礼仪无处不有。城市的文明程度取决于广大市民公共文明素养的高低,而文明行为的促进、公共文明素养的提升需要国家机关发挥引领示范作用。"承诺有时限,服务无时限",在"以人为本"的新型城镇化建设中,从政府的便民、利民、为民的办事大厅,到银行、电信、邮政、燃气等公用事业单位的营业大厅,再到遍布城区各行各业的服务网点,窗口行业服务文明程度,已成为塑造城市形象、行业形象的重要标志。

机关在文明行为促进活动中要树立窗口服务行业文明形象,重在合理设置网点和窗口,优化办事流程,提供便捷高效、文明礼貌的服务。各机关单位立足本职、创行业文明为赣州城市文明增色,立足岗位、创行业新风为赣州城市风貌增容,立足服务、塑行业形象为赣州城市形象增辉,要从窗口行业服务人员的文明举止、真诚服务做起,加强窗口行业服务规范化建设,切实提升窗口行业整体服务水平,使每一个窗口服务人员自觉践行文明规范,每个窗口行业都成为一张亮丽的名片。

第十条【受鼓励的文明行为】

鼓励下列文明行为：

（一）见义勇为，参加抢险救灾救人，依法制止违法犯罪行为；

（二）无偿献血，无偿捐献人体细胞、人体组织、人体器官、遗体；

（三）参加教育、医疗、文化、生态环保、社会治理、赛会服务、救援等志愿服务活动；

（四）参加扶贫、济困、赈灾、救孤、助老、助残、助学、医疗救助等慈善公益活动；

（五）关爱外来务工人员；

（六）为环卫、园林等路面作业人员提供必要帮助；

（七）为需要急救的人员拨打急救电话，并提供必要帮助，或者运用急救技能实施紧急现场救护；

（八）拾金不昧；

（九）其他体现社会主义核心价值观、弘扬社会正气的文明行为。

【条文释义】

党的十八大报告提出，倡导富强、民主、文明、和谐，倡导自由、平等、公正、法治，倡导爱国、敬业、诚信、友善，积极培育和践行社会主义核心价值观。文明是社会进步的重要标志，也是社会主义现代化国家的重要特征。文明是个人素养的重要体现，个人文明素养的重要体现是文明行为。

鼓励的行为体现了社会主义核心价值观与社会正气。本条对鼓励的文明行为采取了列举加概括的办法，重点列举了8种鼓励的文明行为：见义勇为；无偿献血与无偿捐献人体细胞、人体组织、人体器官、遗体；志愿服务；慈善公益；关爱外来务工人员；帮助路面作业人员；参与急救；拾金不昧。上述鼓励的文明行为一部分有上位法依据，另一部分虽没有上位法依据，但是却体现了社会主义核心价值观，弘扬了社会正气。例如，关爱行为，帮助路面工作人员、参与急救、拾金不昧等，是应当予以鼓励的行为。

一、见义勇为，参加抢险救灾救人，依法制止违法犯罪行为

第一，见义勇为是中华民族的优良传统。《论语·为政》中说："见义不为，无勇也。"；宋代苏轼作《陈公弼传》中写道："见义勇发，不计祸福。"见义勇为是为社会所赞扬和提倡的，应当在社会中予以弘扬。但是，在鼓励见义勇为的同时也要注意一些虚假见义勇为的情形。《最高人民法院关于当前形势下加强民事审判切实保障民生若干问题的通知》中指出，"要依法鼓励和保护见义勇为等好人好事，坚决制止利用媒体恶意炒作、谎称见义勇为逃避民事责任的行为"。

《民法典》第183条规定："因保护他人民事权益使自己受到损害的，由侵权人承担民事责任，受益人可以给予适当补偿。没有侵权人、侵权人逃逸或者无力承担民事责任，受害人请求补偿的，受益人应当给予适当补偿。"本条是见义勇为者的请求权和承担责任的规则。因此，见义勇为是指在没有法定或约定义务的前提下，为保护他人的人身、财产权益，制止各种侵权行为、意外事件的救助行为。见义勇为具有以下特征：第一，自愿性。行为人实施救助行为是出于自身意愿，不具有法定义务和约定义务。如果行为人负有某种义务则不是见义勇为。例如，父母保护被欺负的孩子，不是见义勇为。第二，保护性。行为人之所以实施救助行为，是为了保护他人的合法权益。如果是出于其他目的或者保护的是非法利益则不是见义勇为。

第二,"依法制止违法犯罪行为"中"依法"的认定。此处的"依法"应当主要是指关于正当防卫和紧急避险的规定,这是法定正当化事由。此外还包括一些无法律明文规定的正当化事由,如自救行为、正当业务行为等。本条例中明确是"依法"制止违法犯罪,所以是指正当防卫和紧急避险这两种行为。正当防卫是指,行为人为了使公共利益、自身或者他人的合法权益免受正在进行的不法侵害,而对实施侵害的人所采取的合理的防卫行为。紧急避险是指,为了公共利益、自身或者他人的合法利益免受正在发生的危险,在不得已的情况下采取的损害较小合法利益的紧急措施。紧急避险是在紧急情况下两种合法利益发生冲突,而不得不采取损害较小的利益,保全较大利益的行为。

二、无偿献血,无偿捐献人体细胞、人体组织、人体器官、遗体

无偿献血既利己也利人,无偿捐献人体细胞、人体组织等既可能帮助其他病患重获新生,也对医疗研究发展有重要贡献,因此是本条例所提倡的行为。

相关人员在献血、捐献人体细胞、组织等过程中必须遵守法律规定,因为这些行为关乎捐献人的生命健康安全。根据相关法律规定,从事该行为应当遵守如下原则:

(一)遵守捐献者自愿原则

《民法典》第 1006 条规定,任何组织或者个人不得强迫、欺骗、利诱其捐献;《人体器官移植条例》第 7 条规定:"人体器官捐献应当遵循自愿、无偿的原则。公民享有捐献或者不捐献其人体器官的权利;任何组织或者个人不得强迫、欺骗或者利诱他人捐献人体器官。"献血、人体器官捐献等,必须是捐献者出于自愿,必

须是其在自由意志下作出的决定。任何组织或者个人以强迫、欺骗等方式使他人在违背本人意愿的情况下捐献的，都要承担相应的法律责任，严重的可构成犯罪而承担刑事责任。

(二) 保障捐献者安全原则

捐献机构应当保障活体捐献者的生命健康安全，在此基础上安全开展工作。首先，对捐献者的身体健康状况以及献血、捐献器官对其身体造成的后果进行测评，告知捐献者相关信息。凡是身体健康状况不允许其捐献或者可能造成较为严重后果的，应当告知当事人并且停止捐献工作。例如，《中华人民共和国献血法》第9条规定严禁对献血者超量、频繁采集血液。其次，捐献机构应当严格执行卫生标准和捐献程序，保障捐献者以及接受者的生命健康安全。《中华人民共和国献血法》第10条规定："血站采集血液必须严格遵守有关操作规程和制度，采血必须由具有采血资格的医务人员进行，一次性采血器材用后必须销毁，确保献血者的身体健康。血站应当根据国务院卫生行政部门制定的标准，保证血液质量。血站对采集的血液必须进行检测；未经检测或者检测不合格的血液，不得向医疗机构提供。"最后，应当科学、有计划地使用血液、器官等捐献物，不得买卖、浪费，应当使其发挥最大效用。

总而言之，献血、捐献器官等关乎捐献者的生命健康安全，必须依法进行该工作。在此安全、自愿的基础上，公民应当在身体健康状况允许的情况下，参与无偿献血等有利于医疗事业的工作。

三、关爱外来务工人员

外来务工人员离开家乡和亲人朋友，为生计选择到经济更发达的地区务工，在心理上难免会出现一些困难，在物质生活上也多需要一些帮助。因此，关爱外来务工人员，不仅有利于帮助这些务工人员在心理和物质生活上解决困难，还能形成一个温暖、善意的社会氛围。关爱外来务工人员可以有如下方式：第一，为其就业提供帮助。企业可以设置或者增加岗位，帮助外来务工人员就业，实行同工同酬，并且为其安排好食宿等问题。本地工作人员应当多与外来务工人员交流，尽可能依据其居住于本地的优势为外来务工人员提供一些生活上的便利，不得歧视外来务工人员。第二，机关、社会团体等公共服务单位应当在工作中考虑外来务工人员可能遇到的困难并提供帮助。第三，关注外来务工人员子女教育状况。教育部门应当为外来务工人员子女就接受教育事宜提供帮助，教师应当多予以关心并积极与其父母沟通，本地居民应当教育其子女关注、帮助外地同学。

四、其他体现社会主义核心价值观、弘扬社会正气的文明行为

这是本条的补充条款，概括规定一些其他受到鼓励的文明行为。在适用本项的规定时，应当注意这里的"其他行为"必须能够体现社会主义核心价值观、弘扬社会正气，这是实质条件，否则不能评价为文明行为。在判断是否符合上述标准时，可以参考对比本条前面列举的八种文明行为，要在性质、行为方式、结果和目的等因素上具有相当性。

第十一条【公共场所文明行为】

维护公共场所秩序，遵守下列规范：

（一）注重礼仪，衣着得体；

（二）文明用语，不说粗话脏话，不大声喧哗；

（三）等候服务依次排队，保持适当间距，有序礼让；

（四）乘坐电梯先出后进，上下楼梯靠右行走；

（五）观看文艺演出、体育比赛，参加游园、集会等活动服从现场管理；

第二章 文明行为规范

（六）遇到突发事件时，服从现场指挥，配合应急处置，不聚集、不围观；

（七）不私自拉接电线、电缆为车辆充电；

（八）不擅自占用公共场地堆放物料；

（九）其他维护公共场所秩序的行为规范。

【条文释义】

公共场所秩序，是指保证公众安全的顺利出入、使用公共场所所规定的公共行为准则。公共场所主要是指车站、港口、码头、民用航空站、商场、公园、运动场、展览馆等。其他公共场所包括礼堂、公共食堂、游泳池、浴池、宾馆饭店等其他供不特定多数人随时出入、停留、使用的场所，都可以认定为公共场所。公共场所具有人员聚集量大、流动量大的特征。公共场所礼仪体现社会公德，良好的社会礼仪可以使人际关系更加和谐，使人们的生活环境更加美好。如果在公共场所出现不文明行为的现象，不仅会影响城市形象与生活环境，也会影响与其他人的人际关系。

本条采取列举和概括的方式对人们在公共场所应当遵守的文明行为进行规定。其中前8项是具体列举，最后1项是概括规定。重点列举了八种民众及社会各界较为关注的维护公共场所秩序的行为规范，包括礼仪衣着、语言、排队与礼让、乘坐电梯与上下楼梯、观看演出和比赛与参加现场活动、突发事件应对、车辆充电、公共场地使用。总体上，不求面面俱到，但这些行为大多是日常生活中，人人需要遵守、可行性强，且比较容易普及的行为。

一、本条第1项至第8项规定中的注意事项

（一）注重礼仪，衣着得体

公共场所与私人场所相对，其特点在于公共性，即人员的不特定性和密集性、自由出入性以及场所的公开性。一般情况下，具有上述特性的场所可以认为是公共场所。

在公共场所需要注意衣着得体，不同的公共场所有不同的衣着要求，不得穿着与公共场所性质完全排斥的着装。

(二) 文明用语，不说粗话脏话，不大声喧哗

"良言一句三冬暖，恶语伤人六月寒。"在与人交往时，应当注意语言礼仪，不得说脏话、辱骂他人，也不可大声喧哗影响他人。日常生活中的文明礼仪或者文明用语有以下几种：在公务、商务或者社会交往的公共场合讲普通话，轻声细语，不大声喧哗；与人交谈，礼貌谦和，不说粗话脏话。

(三) 等候服务依次排队，保持适当间距，有序礼让

在排队等候服务时，应当遵守服务单位规定，保持适当间距。在特别人员，如老人、孕妇或者军人等排队时，应当礼让。例如，《中华人民共和国国防法》第62条第1款和第63条第1款分别规定，"军人应当受到全社会的尊崇"，"国家和社会优待军人"。排队时礼让军人既是公民的一项义务，也是文明行为的必然要求。

(四) 乘坐电梯先出后进，上下楼梯靠右行走

乘坐电梯时要让电梯内人员先出电梯，电梯外人员再进入；要分清载人电梯和货运电梯的用途，不可以用载人电梯运送货物，也不可以用货运电梯载人；不可以反复按开关门按钮或者电梯超时开门等人，以造成电脑程序紊乱。另外，在电梯出现故障时，电梯内人员要保持冷静，可以采取如下做法：如果电梯突然停止运行，应当立即用电梯内的警铃、对讲机或者电话与管理人员联系，等待救援；若报警无效，可以间歇性地拍打电梯门或者呼救，同时要保持体力；最好靠在墙壁上，并调整呼吸。不可以采取过激行为，如乱蹦乱跳或者强行扒门等。如果电梯极速下坠时，应当迅速按下每一

层楼的按钮。同时,将头、背部紧贴电梯内墙,呈一直线。若电梯有把手,最好紧握把手;若没有,用手抱颈以避免脖子受伤。膝盖呈弯曲状以承受重击压力,脚尖点地且脚跟提起以减缓冲力。

二、其他维护公共场所秩序的行为规范

这是本条关于维护公共场所秩序的概括性规定,在适用本项规定时,应当注意必须以维护公共场所秩序为判断标准的落脚点,并比照前述8项,在行为性质、作用、结果等方面予以具体判断。只有与该8项行为具有相当性的其他行为才属于文明行为,即满足相当性的要求。

第十二条【维护公共环境】

维护公共环境,遵守下列规范:

(一)参加爱国卫生运动,维护干净、整洁的人居环境;

(二)在公共场所咳嗽、打喷嚏时遮掩口鼻,患有感冒、呼吸系统疾病时主动佩戴口罩;

(三)患有可能传染的疾病时,配合相关检验、隔离治疗等措施,如实提供有关情况;

(四)在进行文化、娱乐、健身、广告宣传等活动时,采取有效措施,避免影响周边居民正常生活;

(五)不违反规定燃放烟花爆竹;

(六)不违反规定露天焚烧秸秆、垃圾等产生大气污染的物质;

(七)不违反规定在城区饲养家禽、家畜;

(八)不在城镇公共区域种植蔬菜、晾晒物品;

(九)分类投放垃圾,不随意丢弃倾倒垃圾、泼洒排放污水;

(十)文明如厕,保持公共厕所卫生;

(十一)其他维护公共环境的行为规范。

【条文释义】

公共环境指公共场所，公共场合，多人区域及大中型广场的室外环境。从广义上来讲，只要有两人或两人以上活动的区域及周边环境、当代行政办公建筑，都属于公共环境范畴，从狭义上来讲，公共环境是主要相较于室内环境来说的，指户外空间和场所。

每个人都是社会的一员，每一个个体文明素质的高低直接影响到社会的文明程度，尤其是在公共场所，每一个个体的行为举止都会对公共环境带来不同的影响，公共场所遵守良好的文明秩序会推动社会文明进程，不文明行为会给公众带来极坏的体验。公共环境需要每一位居民共同维护才能提高。本条采取列举和概括的方式对公共环境的维护方式进行规定。其中前 10 项是具体列举，最后 1 项是概括规定。重点列举了 10 种公共环境文明行为规范，其中 3 种规定了爱国卫生运动、佩戴口罩、配合防疫等内容。

一、本条第 1 项至第 10 项规定中的注意事项

（一）参加爱国卫生运动，维护干净、整洁的人居环境

2020 年 11 月 14 日，国务院印发《关于深入开展爱国卫生运动的意见》明确规定，通过深入开展爱国卫生运动，实现公共卫生设施不断完善，城乡环境面貌全面改善，文明健康、绿色环保的生活方式广泛普及，卫生城镇覆盖率持续提升，健康城市建设深入推进，健康细胞建设广泛开展，爱祖国、讲卫生、树文明、重健康的浓厚文化氛围普遍形成，爱国卫生运动传统深入全民，从部门到地方、从社会到个人、全方位多层次推进爱国卫生运动的整体联动新格局基本建立，社会健康综合治理能力全面提高的总体目标。通过深入推进爱国卫生运动，提升赣州市民的文明素质，规范行为方式。

深入开展爱国卫生运动的重点工作任务包括以下四个方面：一

是完善公共卫生设施，改善城乡人居环境。以重点场所、薄弱环节为重点，全面推进城乡环境卫生综合整治，补齐公共卫生环境短板。加快垃圾污水治理，全面推进厕所革命，切实保障饮用水安全，强化病媒生物防制。二是开展健康知识科普，倡导文明健康、绿色环保的生活方式。培养文明卫生习惯，推广不随地吐痰、室内经常通风、科学佩戴口罩、注重咳嗽礼仪等好习惯。倡导自主自律健康生活，践行绿色环保生活理念，促进群众心理健康。三是加强社会健康管理，协同推进健康中国建设。大力推进卫生城镇创建，全面开展健康城市建设，加快健康细胞建设。四是创新工作方式方法，提升科学管理水平。加强法治化保障，强化社会动员，加强政策研究和技术支撑。

（二）在公共场所咳嗽、打喷嚏时遮掩口鼻，患有感冒、呼吸系统疾病时主动佩戴口罩

感冒、呼吸系统疾病等这种可以从人体的鼻腔、咽喉、气管和支气管等呼吸道感染侵入而引起的有传染性的疾病，在公共环境这种人流量大且传播快的场所极容易导致大范围人群的感染。研究资料表明，人们打喷嚏时，通过鼻腔和口腔同时排气，唾液、鼻腔分泌物会形成1000—40000粒飞沫随空气高速喷出，能够把细菌或者病毒带到2米左右的距离，因此在公共场所咳嗽、打喷嚏时应当注意要捂住口鼻以防止飞溅传播。许多呼吸系统疾病病毒都是通过患者咳嗽、打喷嚏传播，所以必须重视在公共场所个人卫生、做好个人防护，防止病毒的大范围传播，营造良好的公共环境。

（三）患有可能传染的疾病时，配合相关检验、隔离治疗等措施，如实提供有关情况

《中华人民共和国传染病防治法》第13条规定，各级人民政府组织开展群众性卫生活动，进行预防传染病的健康教育，倡导文明

健康的生活方式，提高公众对传染病的防治意识和应对能力，加强环境卫生建设，消除鼠害和蚊、蝇等病媒生物的危害。第41条规定，对已经发生甲类传染病病例的场所或者该场所内的特定区域的人员，所在地的县级以上地方人民政府可以实施隔离措施，并同时向上一级人民政府报告；接到报告的上级人民政府应当即时作出是否批准的决定。上级人民政府作出不予批准决定的，实施隔离措施的人民政府应当立即解除隔离措施。《突发公共卫生事件应急条例》第44条规定："在突发事件中需要接受隔离治疗、医学观察措施的病人、疑似病人和传染病病人密切接触者在卫生行政主管部门或者有关机构采取医学措施时应当予以配合；拒绝配合的，由公安机关依法协助强制执行。"因此，患有或者疑似患有传染性疾病时，应当及时报告有关单位，如居民（村民）委员会、社区卫生机构、卫生行政部门等，并按照要求接受隔离治疗或者医学观察措施。

另外，在传染病防治期间，公民应当遵守文明行为规范，不得有如下行为：第一，散播谣言。《关于办理妨害预防、控制突发传染病疫情等灾害的刑事案件具体应用法律若干问题的解释》第10条第1款规定："编造与突发传染病疫情等灾害有关的恐怖信息，或者明知是编造的此类恐怖信息而故意传播，严重扰乱社会秩序的，依照刑法第二百九十一条之一的规定以编造、故意传播虚假恐怖信息罪定罪处罚。"第二，经营者不得在传染病防控期间哄抬物价或者牟取暴利。根据《突发公共卫生事件应急条例》第52条的规定，在国家预防、控制突发传染病疫情等灾害期间，经营者违反有关市场经营、价格管理的规定，哄抬物价、欺骗消费者，扰乱市场秩序，市场监督管理部门依法给予行政处罚；严重扰乱市场秩序或者有其他严重情节的，承担刑事责任，可以非法经营罪定罪处罚。

（四）在进行文化、娱乐、健身、广告宣传等活动时，采取有

效措施，避免影响周边居民正常生活

人们在进行文娱活动时应当避免给周边居民带来消极影响。日常生活中常见的因影响居民生活而产生纠纷的通常是在公共场所进行的娱乐活动，其中广场舞是典型代表。中国有丰富的广场舞文化，以人多热闹为显著特征。跳广场舞的主体多是"大妈"，少数年轻人或者孩童也会参与。跳广场舞既能舒缓心情，也能锻炼身体，是一项健康的娱乐活动。但是，如果由此给周边居民带来噪声污染、扰乱居民正常生活秩序、影响生活安宁就应当予以治理。噪声污染带来的危害很大，对人的神经系统、心血管系统以及消化系统产生不良影响，可能导致人们产生头痛、头晕、心慌、血压升高、心律不齐或者食欲不振等症状。因此，人们在跳广场舞或者进行其他娱乐活动时，应当注意避免对他人生活造成影响，尤其是避免制造噪声。

《中华人民共和国环境噪声污染防治法》第45条规定，禁止任何单位、个人在城市市区噪声敏感建设物集中区域内使用高音广播喇叭。在城市市区街道、广场、公园等公共场所组织娱乐、集会等活动，使用音响器材可能产生干扰周围生活环境的过大音量的，必须遵守当地公安机关的规定。第46条规定，使用家用电器、乐器或者进行其他家庭室内娱乐活动时，应当控制音量或者采取其他有效措施，避免对周围居民造成环境噪声污染。第47条规定，在已竣工交付使用的住宅楼进行室内装修活动，应当限制作业时间，并采取其他有效措施，以减轻、避免对周围居民造成环境噪声污染。

（五）不违反规定燃放烟花爆竹

燃放烟花爆竹具有以下危害：

第一，燃放烟花爆竹极易引发事故。燃放烟花爆竹极易引发火灾和炸伤人的事故。冬季天干物燥，燃放烟花爆竹，特别是在可燃物多的农村以及人口密集的城区,掉落的未及时熄灭的烟火,极易引发秸秆堆垛、居民房屋、加油站、粮库等易燃易爆场所火灾。

第二,燃放烟花爆竹产生有毒气体。燃放烟花爆竹会产生许多有毒气体,其中,一氧化碳进入人体后会和血液中的血红蛋白结合,使血红蛋白不能与氧气结合,引起机体组织缺氧。二氧化硫、二氧化氮是刺激性和腐蚀性很强的有毒气体,会刺激人的咽、喉、鼻、肺和眼睛,敏感人群会出现气喘、胸闷、咽痛、呼吸困难等不适症状;还会诱发一些慢性疾病,如咽炎、支气管炎、气管炎、肺炎、肺气肿等。

燃放烟花爆竹还会形成光化学烟雾,影响能见度,并会形成酸性小液滴、小颗粒,是酸雨的重要成因。酸雨可强烈腐蚀建筑物和工业设备,导致树木、森林和水中鱼虾死亡,致使土壤营养遭到破坏、作物减产或死亡。

第三,燃放烟花爆竹造成资源浪费。制造烟花爆竹的火药要消耗矿物资源、化工原料,用的纸张也要消耗林木资源。燃放烟花爆竹后,会产生大量的鞭炮碎屑,给环卫部门带来了严重的清理负担,占用大量的社会公共资源。因此,燃放烟花爆竹对公共环境、人体健康的危害极其严重,应当对该行为进行法律强制力的约束。

关于燃放烟花爆竹的法律规定主要有《中华人民共和国大气污染防治法》《烟花爆竹安全管理条例》《江西省烟花爆竹安全管理办法》《赣州市城市管理条例》和《赣州市禁限放烟花爆竹管理规定》。例如,《中华人民共和国大气污染防治法》第82条第2款规定,禁止生产、销售和燃放不符合质量标准的烟花爆竹。任何单位和个人不得在城市人民政府禁止的时段和区域内燃放烟花爆竹;《烟花爆竹安全管理条例》第28条规定,燃放烟花爆竹,应当遵守有关法律、法规和规章的规定。县级以上地方人民政府可以根据本行政区域的实际情况，确定限制或者禁止燃放烟花爆竹的时间、地点和种类。

其中，《赣州市禁限放烟花爆竹管理规定》是根据前几部法律法规的授权，根据本行政区域的实际情况制定的，主要规定了以下几个方面：第一，划定禁放区域，同时明确在禁放区域不得销售经营烟花爆竹。其中，全年禁放的区域有章贡区、赣州经济技术开发区、蓉江新区全域；南康区中心城区及南康区人民政府确定的附近关联区域；赣县区中心城区及赣县区人民政府确定的附近关联区域。也规定了禁放区域外的八大类地点和区域也不得燃放烟花爆竹。第二，对在禁放区域外燃放烟花爆竹作出规定。例如，对举办焰火晚会以及其他大型焰火燃放活动提出了要求。第三，对实施禁放工作责任作出规定。例如，明确了机关、团体、广播、电视、互联网等媒体等单位应当在本单位开展禁放宣传教育。第四，对违反禁放规定实施处罚作出规定。

（六）不违反规定露天焚烧秸秆、垃圾等产生大气污染的物质

露天焚烧秸秆、垃圾会对公共环境产生严重的危害，首先受到影响的是空气质量和人体健康。据相关数据统计，每焚烧1吨秸秆将产生1.5—1.8吨二氧化碳，造成空气污染。因焚烧秸秆等产生的可吸入颗粒物，对人的眼睛、鼻子和咽喉含有黏膜的部分产生较大刺激，轻微的会出现咳嗽、胸闷等症状，严重者则可能导致支气管炎发生。另外，还可能引发火灾，危害群众的生命财产安全。在存有易燃物的环境下，尤其是村庄附近，焚烧秸秆有较大可能引起火灾，而一旦发生火灾，后果则不堪设想。

为了防止人们露天焚烧秸秆等有害物质，我国专门制定了法律、法规对此予以禁止、处罚。根据《中华人民共和国大气污染防治法》《江西省大气污染防治条例》的规定，人们不得在人口密集

区和其他依法需要特殊保护的区域内焚烧垃圾等有毒有害烟尘和恶臭气体的物质。违反规定的，即要承担民事责任和行政责任，具有严重社会危害性的甚至要承担刑事责任。

根据《中华人民共和国大气污染防治法》《民法典》相关规定和《中华人民共和国刑法》相关规定，因露天焚烧秸秆、落叶等产生烟尘污染的物质给他人造成损害的，应当承担侵权责任，造成严重后果的，被侵权人有权请求相应的惩罚性赔偿。就行政责任，由县级以上地方人民政府确定的监督管理部门责令改正，并可以处500元以上2000元以下的罚款。就刑事责任，如果行为人因过失导致火灾发生，致人重伤、死亡或者使公私财产遭受重大损失的，可以失火罪定罪处刑。

（七）不违反规定在城区饲养家禽、家畜

根据《城市市容和环境卫生管理条例》第33条的规定，本项的城区，是指按国家行政建制设立的市的市区，具体包括设区的市、市辖区、县。在赣州市内，就包括赣州市城区、南康区城区、大余县、上犹县、崇义县等县的城区。在这些城区范围内，不得饲养家禽、家畜。根据《国家畜禽遗传资源目录》的规定，家养畜禽分为传统畜禽和特种畜禽两大类。传统畜禽包括猪、普通牛、瘤牛、水牛、牦牛、大额牛、绵羊、山羊、马、驴、骆驼、兔、鸡、鸭、鹅、鸽、鹌鹑。特种畜禽包括梅花鹿、马鹿、驯鹿、羊驼、鸸鹋、番鸭等动物。《城市市容和环境卫生管理条例》第35条规定，饲养家畜、家禽影响市容和环境卫生的，由城市人民政府市容环境卫生行政主管部门或者其委托的单位，责令其限期处理或者予以没收，并可处以罚款。

饲养家禽、家畜会产生废水、微生物病原体、饲料中的农药残留等多方面的污染体，对土壤、大气以及水资源都会产生不同程度的污染。畜禽的排泄物中因为含有很多难以分解的有害气体，包括硫化氢、粪臭素、胺、吲哚等上百种有害物质，不但影响人类和禽类的健康，还会导致酸雨等现象，对大气造成了严重的污染。另外，家禽的粪便和饲料的味道会影响城区的空气质量，影响城区的环境卫生，可能会引起禽类疾病的传播。因此，为了营造更好的公共环境，确保人们的身心健康，就必须将这些问题纳入法律规范的规划中，有针对性地采取相关防治措施，为人们提供良好的生活环境，为社会文明程度的提升提供保障。

（八）分类投放垃圾，不随意丢弃倾倒垃圾、泼洒排放污水

2015年中共中央、国务院《生态文明体制改革总体方案》将制定垃圾分类制度列为一项重要改革任务。实行垃圾分类，关系广大人民群众生活环境，关系节约使用资源，也是社会文明水平的一个重要体现。推行垃圾分类，关键要加强科学管理、形成长效机制、推动习惯养成。要加强引导、因地制宜、持续推进，把工作做细做实，持之以恒地抓下去。要开展广泛的教育引导工作，让广大人民群众认识到实行垃圾分类的重要性和必要性，通过有效的督促引导，让更多人行动起来，培养垃圾分类的好习惯，全社会人人动手，一起为改善生活环境而努力，一起为绿色发展、可持续发展作贡献。

2020年住房和城乡建设部等部门《关于进一步推进生活垃圾分类工作的若干意见》强调普遍实行生活垃圾分类和资源化利用制度，坚持源头减量，建立分类投放、分类收集、分类运输、分类处理系统，形成绿色发展方式和生活方式。垃圾分类工作是对垃圾进行分类并处理的有效方式，在垃圾分类工作中，能够形成对有害垃圾的针对性处理，也能够对可回收垃圾进行资源再生与循环利用，减少垃圾的产生总量，还能够形成对垃圾处理的效率的提高，减少

垃圾丢弃与堆埋对自然生态环境造成的影响。从垃圾分类与环境保护的关系上来看，日常生活中将垃圾进行有序分类，从而使得垃圾的处理效率提高，在垃圾回收与循环利用上形成较好的效果，这就给生态环境减少了很大的压力。

(九) 文明如厕，保持公共厕所卫生

小小的厕所，能反映一个国家、一个社会、一个单位的文明程度，能真实地检验人民的文明素养。公厕是衡量一个城市文明程度的标准之一，是政府管理能力、城市居民素质、社会文明水平的综合反映。干净、卫生的公共厕所予人以"方便"，大家也多予以爱护；脏乱、气味难闻的厕所则令人厌恶，人们也多对其进行破坏。因此，营造一个干净卫生的公共场所环境，需要人们共同努力、约束自己、相互监督。

文明如厕需要做到以下几点：第一，不在厕所墙壁、隔板等位置乱涂乱画。生活中常见公共厕所的隔板等位置被写上一些污言秽语、不健康广告等内容，令人不适。第二，不踩在坐便式马桶上如厕。生活中常有人嫌不干净而踩在马桶上，这种做法是不文明的。第三，便后及时冲水、厕纸入篓。第四，不损坏、不偷拿公共设施。

二、其他维护公共环境的行为规范

这是本条关于维护公共环境的概括性规定，在适用本项规定时，应当注意必须以公共场所环境得以维护为判断标准的落脚点，并比照前述8项，在行为性质、作用、结果等方面予以具体判断。只有与该八种行为具有相当性的其他行为才属于文明行为，即满足相当性的要求。

第十三条【文明健康生活方式】

践行文明健康生活方式，遵守下列规范：
（一）节约资源，使用环保产品；
（二）绿色出行，优先选择公共交通工具；
（三）节约粮食，杜绝餐饮浪费；
（四）文明用餐，使用公筷公勺，不酗酒；
（五）喜事简办，反对高价彩礼，不攀比铺张；
（六）节俭办丧，节地安葬，文明祭祀；
（七）远离色情、赌博、毒品，自觉抵制不良行为；
（八）其他践行文明健康生活的行为规范。

【条文释义】

一、文明行为健康生活方式

无论是创建全国文明城市，还是创建全国健康城市，或是巩固和提高全国卫生城市成果，都离不开每一位从业人员、普通市民"健康文明快乐生活方式"的基础作用。《关于持续深化精神文明教育大力倡导文明健康绿色环保生活方式的通知》提出，要把倡导文明健康绿色环保生活方式融入文明实践，发挥好新时代文明实践中心作用，广泛开展以疫情防控知识宣传普及为主题的各种文明实践活动；要把倡导文明健康绿色环保生活方式融入文明培育，深入推进文明风尚行动，引导人们在传承优秀传统文化、反对餐饮浪费行为、提升文明旅游素质、增强文明交通意识、加强网络文明建设中厚植文明健康理念、践行绿色环保生活；要把倡导文明健康绿色环保生活方式融入文明创建，推动各地城市全面推进社会健康管理，打造健康宜居城市环境。

第一,文明健康生活方式,是中国特色社会主义新时代的每一位公民大力提升综合素养所必需的良好途径,更是全面建成小康社会的必达指标和重要内容。在全国文明城区、卫生城市、健康城市等一系列创建过程中,更加紧迫地需要居民的文明健康等综合素养有实质性的提升和飞跃,践行文明健康的生活方式是各方面需求和公民的职责与义务。

第二,文明健康生活方式,必定会大幅提升个人及其家庭的文明、健康程度,最终提升幸福指数,也必然为社会发展进步注入生机蓬勃的正能量。本条采取列举和概括的方式对人们文明健康生活方式进行规定,所谓文明健康的生活方式,是指节约资源、低碳生活、绿色出行、节约粮食、文明用餐、喜事简办、文明办丧和祭祀、远离和抵制黄赌毒等不良行为。这些都做好了,或者说基本做到了,那个人、家庭成员的安康就有了更大保障的可能,市民综合素养的提升就有了很大的可能,生活和生命质量提高也成为可能。如果这样,个人和家庭成员在各方面都不断得到提升和完善,随之幸福指数不提升都难。国民综合素养普遍提高,对经济发展、社会进步就是不小的助力,这是毫无疑义的。

本条采取列举和概括的方式对人们文明健康生活方式进行规定。其中前 7 项是具体列举,最后 1 项是概括规定。

一、本条第 1 项至第 7 项规定中的注意事项

(一)节约粮食,杜绝餐饮浪费

《朱子家训》有云:"一粥一饭,当思来处不易。半丝半缕,恒念物力维艰。"中华民族自古以来就有勤俭节约的优良传统。在当下物质文明发展迅速,难免有人忘记节约粮食的传统。新中国成立以来,节约粮食、反对浪费始终是我国确保粮食安全的重要方针。党的十八大以来,习近平总书记就餐饮浪费问题多次作出讲话

和批示。党的十八大以来，我国以绿色发展理念为指导，以落实中央八项规定精神为手段，以构建资源节约型、环境友好型社会为目标，着重治理了公款吃喝以及餐桌浪费等问题，推动粮食立法取得了突破性进展。2021年中共中央办公厅、国务院办公厅印发了《粮食节约行动方案》，强调要采取综合措施降低粮食损耗浪费，坚决刹住浪费粮食的不良风气，坚决遏制餐饮消费环节浪费。

第一，加强餐饮行业经营行为管理。完善餐饮行业反食品浪费制度，健全行业标准、服务规范。鼓励引导餐饮服务经营者主动提示消费者适量点餐，主动提供"小份菜""小份饭"等服务，在菜单或网络餐饮服务平台的展示页面上向消费者提供食品分量、规格或者建议消费人数等信息。充分发挥媒体、消费者等社会监督作用，鼓励通过服务热线反映举报餐饮服务经营者浪费行为。对餐饮服务经营者食品浪费违法行为，依法严肃查处。第二，落实单位食堂反食品浪费管理责任。单位食堂要加强食品采购、储存、加工动态管理，推行荤素搭配、少油少盐等健康饮食方式，制定实施防止食品浪费措施。鼓励采取预约用餐、按量配餐、小份供餐、按需补餐等方式，科学采购和使用食材。抓好机关食堂用餐节约，实施机关食堂反食品浪费工作成效评估和通报制度。开展单位食堂检查，纠正浪费行为。第三，加强公务活动用餐节约。各级党政机关、国有企业事业单位要落实中央八项规定及其实施细则精神，切实加强公务接待、会议、培训等公务活动用餐管理。按照健康、节约要求，科学合理地安排饭菜数量，原则上实行自助餐。严禁以会议、培训等名义组织宴请或大吃大喝。第四，建立健全学校餐饮节约管理长效机制。强化学校就餐现场管理，加大就餐检查力度，落实中小学、幼儿园集中用餐陪餐制度。加强家校合作，强化家庭教育，培养学生勤俭节约、杜绝浪费的良好饮食习惯。广泛开展劳动教育，积极组织多种形式的粮食节约实践教育活动。第五，减少家庭和个人食品浪费。加强公众营养膳食科普知识宣传，倡导营养均衡、科学文明的饮食习惯，鼓励家庭科学制订膳食计划，按需采买食品，充分利用食材。提倡采用小分量、多样化、营养搭配的烹饪方式。

据央视新闻报道，我国大型聚会食物浪费率达38%，49%的人为凑单而点外卖但吃不完或者不吃；前些年"吃播"流行，"大胃王"等一系列浪费食物现象层出不穷。类似浪费粮食的行为已经成为一种社会问题。袁隆平院士及其团队为提高粮食产量，攻坚克难，个中艰难和困苦实难以想象；农民们烈日骄阳下，弯腰插秧、汗流浃背是浪费者不曾经历的辛苦。"洪范八政，食为政首。"习近平总书记对粮食安全和粮食浪费问题高度重视，曾经强调要进一步加强宣传教育，切实培养节约习惯，在全社会营造浪费可耻、节约为荣的氛围。节约粮食不仅是中华民族的传统美德，更是对粮食生产者的敬重。

（二）文明用餐，使用公筷公勺，不酗酒

使用公筷公勺、分餐进食，这些安全用餐举措不是小事，而是降低公共卫生安全风险、提高食品安全治理能力的必要手段，是建立健康文明餐饮的生活方式。用餐需要遵守餐桌礼仪。公筷公勺，是指多人用餐时，各个进食者共同使用的餐具，用来将菜肴等放入自己私用的餐具。主动使用公筷公勺能有效避免"病从口入"，降低病毒传播风险，保护身体健康。用餐时，公筷取菜、公勺取汤，公私分明。为他人取菜时，要征求他人同意并使用公筷公勺。此外，不酗酒，不酒后驾车。做到喝酒不开车，开车不喝酒。

（三）喜事简办，反对高价彩礼，不攀比铺张

喜事简办，主要是指在购置结婚用品时应当按需购买，理性、

适度消费。在喜事中，酒席中浪费粮食现象实为常见，经常出现讲排场、热闹等过度上餐的现象。提倡喜事简办有利于推动移风易俗，弘扬时代新风，树立婚姻家庭新理念，形成崇尚勤俭节约、反对奢侈浪费的良好社会风尚，提升全社会文明程度，促进和谐家庭、和谐社会建设。

彩礼是有着悠久历史的民间传统习俗，男方给付彩礼，表示愿意与女方缔结婚姻关系，由于这是一笔财产支出，因此男方一定是在得到女方明确的肯定答复之后才会给付；对女方而言，收受彩礼的行为代表着愿意与男方结婚的承诺。婚前送聘礼的习俗自古有之，随着居民收入的增加、生活水平的提高以及消费理念的转变，婚嫁彩礼也随之水涨船高。高价彩礼的泛滥，让婚姻披上了物质的外衣，引发了一系列的社会问题，影响了正常的生产、生活。例如，因婚致贫、婚恋破裂、早婚等。为了积极践行社会主义核心价值观，有必要大力推动移风易俗，革除彩礼高的陋习，引导公众树立积极健康的爱情观、婚姻观和消费观，营造风清气正、文明节俭的良好社会风尚。国家卫生计生委、中央宣传部等11部委联合下发《关于"十三五"期间深入推进婚育新风进万家活动的意见》，明确提出持续推进农村移风易俗工作，引导和鼓励农村基层群众性自治组织采取约束性强的措施，对婚丧陋习、天价彩礼等社会不良风气进行治理。因此，文明健康的生活必须抵制高价彩礼，形成良好的结婚风俗。

反对高价彩礼，人们可采取以下方式：第一，宣传健康结婚风俗的，报道低彩礼和零彩礼事迹，告知高价彩礼的危害。结婚需要彩礼本无可厚非，生活必定要求有一定经济上的基础。但是，这种经济上的基础相对牢固即可，没有必要强人所难。在这一基础上，结婚双方是否真心对待对方才是最重要的，能否举案齐眉、相互理解、相互扶持才是影响婚姻是否和谐的主要因素。"因婚致贫"对婚姻百害而无一利。第二，帮助年轻人树立正确的爱情观。结婚虽然是双方家庭的事情，但是本质上是婚姻双方（婚姻登记的双方）的事情。引导年轻人树立健康的婚恋观，女方应当在听取、尊重父母的建议上，坚持正确的彩礼习俗，不随意漫天要价。男方也应当考虑女方父母家庭情况。第三，成立红白理事会，专门负责关于红白事的移风易俗的宣传和劝导。对于因高价彩礼发生争议的家庭，以适当的方式介入，进行劝导，给出建议。另外，居民（村民）委员会也应当积极推动移风易俗工作的进行，充分发挥自身的基层自治作用。

（四）文明祭祀

文明祭祀需要做到以下几点：第一，绿色祭祀。在祭祀祖先、缅怀先烈时，可以采用绿色环保的方式进行。例如，网上祭扫、鲜花祭祀、墓前诗歌朗诵以表缅怀之情以及开展家庭追思会等形式。第二，安全祭祀。祭祀期间，必须防范明火祭祀，防止纸钱燃烧不当引起火灾。另外，疫情防控期间，避免扎堆祭祀，个人要佩戴口罩，做好防护措施。祭祀期间还需要注意交通安全。第三，节俭祭祀。祭祀是以对祖先、先辈、先烈等的追思、缅怀为目的，不搞排场、不浪费祭祀用品，做到"真情实意"才是最重要的。第四，卫生祭祀。祭祀期间不得随意抛弃祭祀垃圾，不在墓区乱涂乱画、爱护公物，不损毁公共设施，不燃烧污染空气的祭祀用品。

（五）远离色情、赌博、毒品，自觉抵制不良行为

色情、赌博、毒品是社会毒瘤，严重损害社会机体，人们必须坚决抵制并勇于同"黄赌毒"行为做斗争。"黄赌毒"会严重损害人的身心健康，使人荒废事业、家庭破裂，滋生一系列社会道德问题，甚至引发犯罪现象。

自觉抵制不良行为需要做到以下几点：第一，树立法律意识，遵纪守法，不做违法犯罪之事。第二，阅读哲学、文学名著、历史、医药健康等书籍，加强自身思想建设，不浏览不健康的网站，抵制污秽、堕落的腐朽思想、文化并坚决与之斗争。第三，充分认识赌博的危险，多参加健康的文娱活动，丰富业余生活。第四，结交朋友需要小心。不参加不健康的聚会，不去不健康的场所。对于参加或可能参加"黄赌毒"的朋友，要及时远离并向公安机关等部门举报。

二、其他的行为规范

这是本条关于践行文明健康生活方式的概括性规定。比照本条前7项，在行为性质、作用、结果等方面与前7项相同的，都是本条例所提倡的文明健康生活方式。

第十四条【文明出行规范】

文明出行，遵守下列规范：

（一）遵守交规，安全驾驶，按照规定戴安全头盔、使用安全带；

（二）停放车辆规范有序，服从管理；

（三）礼让行人，遇执行紧急任务的警车、消防车、救护车、工程救险车等车辆时主动让行；

（四）行人通过路口、横过道路时，走人行横道或者过街设施，不在车行道内停留、嬉闹；

（五）乘坐公共交通工具时，主动为老弱病残孕等需要帮助的乘客让座；

（六）爱护共享车辆，文明用车，不损坏、不丢弃；

（七）其他文明出行的行为规范。

《赣州市文明行为促进条例》精解

【条文释义】

文明是我们处世立足的源泉,文明出行是我们创建文明城市必须遵守的规则。文明出行是打造文明城市、打造美丽中国工程的重要组成部分,实现美丽中国、美好城市生活的建设,少不了文明出行。文明出行,既能够维护交通秩序,提高出行效率,也能够维护自身和他人的人身、财产安全。关于文明出行方面的规定,《中华人民共和国道路交通安全法》《中华人民共和国道路交通安全法实施条例》《赣州市城市道路车辆通行管理规定》等法律、法规作了比较详细的规定。本条采取列举加概括的办法重点列举了6种出行应当遵循的文明出行行为规范,旨在引导公民自觉遵守相关法律、法规。

一、本条规定的文明出行的注意事项

(一)遵守交规,安全驾驶,按照规定戴安全头盔、使用安全带

人们出行应当遵守交通法规,按照规定安全驾驶。根据《中华人民共和国道路交通安全法》第51条的规定,机动车行驶时,驾驶人和乘车人员应当使用安全带,摩托车驾驶人和乘坐人员应当佩戴安全头盔。根据统计,摩托车、电动车、小汽车是导致交通事故死亡最多的车辆。在电动车、摩托车驾乘人员死亡事故中约80%是颅脑损伤致死,而佩戴安全头盔则可以降低致死率。在汽车事故中,驾乘人员因未使用安全带而被甩出车外造成伤亡的现象并不罕见。佩戴安全头盔和使用安全带能有效减轻交通事故带来的伤害。正确佩戴安全头盔、规范使用安全带能够将交通事故导致的死亡风险降低60%—70%。

(二)停放车辆规范有序,服从管理

根据《中华人民共和国道路交通安全法》第56条、第59条和

《赣州市城市道路车辆通行管理规定》第 27 条、第 28 条的规定，停放车辆应当遵守下列规范和注意事项：

1. 机动车的停放

首先，机动车应当停放在专门划定的停车泊位，不得在人行道上停放机动车。其次，在道路上需要临时停车的，应当停放在合理地点，不得妨碍其他车辆和行人通行。最后，在禁止停放但可时段性临时停车的路段，机动车驾驶人应当遵守路段上告示牌的要求，规范有序停车，禁止在临时停车时段外停放。

2. 非机动车的停放

主要是指常见的电动车、自行车等车辆的停放。驾驶人应当将车辆停放在城市管理主管部门规划的二轮车停放区域，不得有越线停放或者横排挤占车位等违规行为。在学校、医院、住宅小区、商场等人流量大的场所应当遵守相关场所对于停放车辆的规定。另外，停放或者临时停车的，不得占用盲道、机动车道、机动车临时停车泊位，不得妨碍其他车辆和行人通行，也不得堵塞消防通道、疏散通道、安全出口和楼梯口等。

（三）礼让行人，遇执行紧急任务的消防车、救护车、工程救险车等特种车辆时主动让行

"斑马线前礼让行人"这条文明交通标语成为社会关注的热点之一。文明与畅通时时相伴，礼让和平安息息相关。礼让不仅是一种法律约束，更是一种价值导向。"礼让行人"渐成一种常态，不仅体现在个人内在素质的升华，让人们收获了文明、尊重和快乐，而且也推动了整个社会的文明进步，彰显了社会正能量。"车让人，让出一分文明；人让车，让出一分安全；车让车，让出一分秩序；人让人，让出一份友善。"现代城市交通文明的涵养需要全社会的共同努力，需要广大交通参与者悉心实践，使交通观念、素养、行

车规范与文明追上时代的车轮。社会文明风尚的促进，需要每一位市民做遵守交通法规、明辨是非礼法的交通参与者，为道路交通的平安、畅通书写文明。

根据《中华人民共和国道路交通安全法》第47条和《赣州市城市道路车辆通行管理规定》第26条的规定，机动车行至没有交通信号灯的道路时，如果遇到行人横过马路应当减速行驶、主动避让。经过学校门口时遇到学生上下校车的，应当减速或者停车让行。根据《中华人民共和国道路交通安全法》第53条的规定，私家车因避让消防车等特种车辆而闯红灯、压实线等交通违规行为的，不是违章行为，不给予处罚。因此，在遇到特种车辆时，私家车应当在遵守礼让规则的基础上及时主动避让，为生命让行。

（四）乘坐公共交通工具时，主动为老弱病残孕等需要帮助的乘客让座

最高人民法院《关于审理抢劫案件具体应用法律若干问题的解释》第2条将公共交通工具界定为主要是指"从事旅客运输的各种公共汽车，大、中型出租车，火车，船只，飞机等正在运营中的机动公共交通工具"。现阶段常见的公共交通工具有公交车、地铁、高铁、轻轨、民用航空飞行器等。因此，以上交通工具都被认定为是公共交通工具。

礼让是中华民族的优秀传统美德，尊敬老人、爱护儿童、保护弱势群体是中华民族的优良传统，公交车的让座更是对城市文明的演绎。公交车上人多拥挤，车速快慢不均，急刹车的次数多，对老弱病残孕以及抱小孩的乘客来说，需要一个座位才能保障他们的乘车安全。此时，"让座"就成了一种美德，一种文明行为。有序排队、文明乘车、爱心让座已经成为越来越多人的自觉行动。作为文明大家庭的成员，每个人都有责任行文明事、做文明人，让"让

座"成为文明的习惯。乘客让座时应当注意以下问题：第一，公交车上有其他空位时，不占用老弱病残孕专座。没有其他空位且老弱病残孕专座有空位置时可临时就座，但当老弱病残孕上车时应当立即让座。第二，在发生非老弱病残孕占用专坐且不让座的时候，应当主动地、采用合理的方式劝说其让出座位。第三，当公交车人数较多且老弱病残孕没有座位时，应当将方便、能稳定站立的地方（如容易抓握的把手处）让给老年人。公交车"让座"在细节之间体现了一个城市的文明程度。

（五）爱护共享车辆，文明用车，不损坏、不丢弃

根据《赣州市城市道路车辆通行管理规定》的规定，共享车辆使用人做到文明用车应当注意以下几点。第一，遵守交通规定、城市管理等法律、法规以及服务协议约定。车辆使用人在骑行共享车辆时必须遵守交通法规，安全骑行，不能因为不是自己的车辆而肆意骑行。第二，爱护车辆，不得破坏，不得将车辆上的装置拿走或者直接盗走车辆，也不得破坏车辆停放设施。第三，发现车辆有安全隐患时，应当及时告知客服，进行排查、维护、修理。第四，规范停车。使用人在结束用车后应当在指定的区域内停车，不得乱停乱放，也不得在停放区域内随便摆放，应当与其他车辆尽量保持方向一致，空间距离适当。

二、其他文明出行的行为规范

本条列举了数项文明出行的行为，但出行行为繁多复杂，本条例不能穷尽列举，故设置"其他文明出行的行为规范"一项。只要是遵守关于出行的法律法规，与上述几项出行行为在行为性质、方式、结果上有相当性，能够促进文明、安全出行的行为，都可以认为是文明出行的行为。

第十五条【文明上网行为规范】

文明上网,遵守下列规范:
(一)遵纪守法,保护他人隐私和其他合法权益;
(二)传播先进文化,拒绝有害身心健康的网络作品和产品;
(三)尊重自主创新,保护知识产权;
(四)不传播虚假信息或者其他未经证实的信息;
(五)不浏览包含低俗、迷信、淫秽、暴力等内容的信息;
(六)抵制邪教和恐怖主义、极端主义、民族仇恨、民族歧视、封建迷信思想;
(七)其他文明上网的行为规范。

【条文释义】

如今,我们已经进入便捷的网络时代。现代社会是一个数字社会,上网在日常生活中已司空见惯。但是因为网络的虚拟性,很多时候很难追究网民的言论责任,所以出现了很多"网络喷子""键盘侠"以及一些"饭圈"乱象,在网络上传播负能量甚至是虚假消息。网络是虚假的,但我们是真实的,文明上网应当从我做起。《中华人民共和国网络安全法》第6条规定:"国家倡导诚实守信、健康文明的网络行为,推动传播社会主义核心价值观,采取措施提高全社会的网络安全意识和水平,形成全社会共同参与促进网络安全的良好环境。"为此,人们应当文明上网,为营造安全的互联网环境作出奉献。

2006年,中国互联网协会发布《文明上网自律公约》,号召互联网从业者和广大网民从自身做起,在以积极态度促进互联网健康发展的同时,承担起应负的社会责任,始终把国家和公众利益放在首位，坚持文明办网、文明上网。

2021年，中央网络安全和信息化委员会办公室印发《网信系统法治宣传教育第八个五年规划（2021—2025年）》提出，到2025年，网络普法工作协调机制更加健全，网络普法工作大格局全面形成；网络普法针对性、实效性明显提高，网民法治素养和法治意识显著增强，青少年网民网络法治素养不断提升；网络平台主体责任和行业自律有效落实，网络治理效能和治理水平实现新提升；网络综合治理体系更加完善，网络空间厉行法治的自觉性、积极性、主动性显著提升；全网尊法学法守法用法氛围更加浓厚，网络法治成为社会共识和基本准则，广大网民在互联网发展中享有更多的获得感、幸福感、安全感。

2021年，中共中央办公厅、国务院办公厅《关于加强网络文明建设的意见》提出，要大力弘扬社会主义核心价值观，全面推进文明办网、文明用网、文明上网、文明兴网，推动形成适应新时代网络文明建设要求的思想观念、文化风尚、道德追求、行为规范、法治环境、创建机制，实现网上网下文明建设有机融合、互相促进。要加强网络空间文明创建。推动群众性精神文明创建活动向网上延伸，充分发挥新时代文明实践中心和县级融媒体中心作用，加强网民网络文明素养实践教育基地建设，推动基层开展网络文明建设活动。深入实施争做中国好网民工程，引导广大网民尊德守法、文明互动、理性表达，引导全社会提升网络文明素养，净化网络环境。

一、本条规定的文明上网行为的注意事项

（一）遵纪守法，保护他人隐私和其他合法权益

根据《中华人民共和国网络安全法》第12条的规定，任何个人和组织使用网络应当遵守宪法法律，遵守公共秩序，尊重社会公

德，不得利用网络从事侵害他人名誉、隐私和其他合法权益的行为。

根据《民法典》第110条、第111条的规定，自然人享有隐私权、个人信息受法律保护，任何组织或者个人不得实施非法收集、加工、买卖、公开他人个人信息等侵权行为。隐私，是指自然人的私人生活安宁和不愿意为他人知晓的私密空间、私密活动、私密信息。其他合法权益，主要是指个人信息、名誉权、肖像权、姓名权等权益。个人信息，包括自然人的姓名、出生日期、身份证件号码、生物识别信息、住址、电话号码、电子邮箱、健康信息、行踪信息等。名誉，是指对民事主体的品德、声望、才能、信用等的社会评价。

上网时应当做到保护他人隐私和其他合法权益并注意如下几点：第一，利用网络即时通信的，应当保持正当交往限度，不得滥用即时通信工具侵扰他人的生活安宁。第二，不得以侵入计算机系统或者其他方式（如借用通信工具、异地登录账号等）擅自处理他人私密信息，或者获取、披露、使用、买卖等违法行为处理他人个人信息。第三，不传播虚假信息或者其他未经证实的信息。网络信息真假难辨，在没有明显证据证明相关信息的情况下，不得随意传播。因为传播虚假信息而造成他人名誉等权益受损害的，应当承担民事责任，造成严重后果的，应当承担刑事责任。第四，发现有人侵犯自身或者他人隐私等权益的，应当勇于捍卫自己的合法权益，要求网络服务提供者立即删除相关信息并向公安机关等部门举报。

（二）传播先进文化，拒绝有害身心健康的网络作品和产品

根据《中华人民共和国网络安全法》第6条的规定，国家倡导健康文明的网络行为，推动传播社会主义核心价值观。网络是信息传播的重要平台，传播速度快、范围广，所以必须正确运用网络的

传播功能。

1. 人们上网时应当传播先进文化

所谓先进文化，是指符合社会主义核心价值观，能够促进社会文明进步的文化。先进文化并不是什么遥不可及、只有高级知识分子才能谈论的东西，它就融入我们的日常生活中。例如，在建党百年时刻，积极传播党史、讲述革命先烈的英雄事迹、宣传党的指导思想等都是传播先进文化的行为。利用网络传播先进文化的方式也是多种多样的，如公众号推文、直播、线上会议等。总而言之，人们在上网时，既要做到积极学习先进文化，也要充分利用网络的传播优势积极宣传先进文化。

2. 人们上网时要拒绝有害身心健康的网络作品和产品

与先进文化相抵触的就是那些有害身心健康的文化。网络垃圾文化严重影响了未成年人身心健康发展，污染了网络环境。人们上网时应当抵制此类文化，拒绝相关网络作品和产品。对此，网民应做到不浏览包含低俗、迷信、淫秽、暴力等内容的信息。不浏览色情、暴力视频，不看色情、暴力小说或者漫画，不参与传播包含色情、暴力等不良信息的活动，包括参与制作、建群传播等。发现包含相同或者类似内容的网络作品和产品，应当要求网络服务提供者立即删除或者断开链接，并向公安机关等部门举报。

（三）尊重自主创新，保护知识产权

知识产权包括著作权、专利权和商标权。在网络活动中，最容易受到侵犯的是著作权。著作权的权利内容包括人身权和财产权，人身权包括发表权、署名权、修改权、保护作品完整权；财产权包括复制权、发行权、出租权、展览权、表演权、广播权、信息网络传播权、改编权、汇编权。著作权是创作人对其作品所享有的权利，作品是指文学、艺术和科学领域内具有独创性并能以一定形式表现的智力成果。赋予创作者以著作权能够鼓励有益于社会主义精神文明、物质文明建设的作品的创作和传播，促进社会主义文化和科学事业的发展与繁荣。

网络中常见的侵犯著作权的行为主要有以下几种。第一，将他人作品上传至网站供他人浏览、下载。这种行为侵犯了著作权人的信息网络传播权。例如，甲将某部热播剧上传至网站，公众登录该网站即可免费观看。第二，截取他人视听作品的一部分（主要是电影）制作短视频，或者单纯地解说文字作品、视听作品时用到他人文章片段、电影片段的，即不是具有独创性的书评或者影评，或者自己为他人视听作品配音且没有改变台词内容的。第三，翻译他人作品并上传网络的，侵犯了著作权人的翻译权和信息网络传播权。第四，将他人文字作品、视频类的作品，改编成漫画的，当作品有独创性时，改编者对改编后的作品享有著作权，但是仍侵犯了原作者的改编权。第五，擅自删除他人作品某一章节或者改变文章结构，或者歪曲、篡改作品内容的，侵犯了著作权人的修改权或者保护作品完整权。第六，未经许可转载别人作品（主要是文章），侵犯了著作权人的信息网络传播权；在作品中又署自己姓名、笔名等名字的，侵犯了著作权人的署名权。

不构成侵犯著作权的行为——合理使用，主要包括以下几种情形。第一，个人为研究、学习、欣赏而使用的。第二，转化使用。就某一类型、某种主题或者就某一作品而评论或者介绍时不可避免地需要引用、再现给他人作品的，但评论性或者介绍性作品本身要具有独创性，能够成为作品，而且不得过度引用他人作品。第三，媒体使用。媒体主要包括广播电台、广播电视台、报社、期刊社等。媒体在传播新闻过程中不可避免地需要引用或者再现他人作品的，刊登或者播放他人关于政治、经济、宗教的时事文章的；刊登或者播放在公众集会上发表的讲话的，但是作者表明不得刊登或者播放的除外，都不是侵犯他人著作权的行为。第四，为公益目的使用。为了教学、科学研究而演绎、汇编、播放或者少量复制的、将汉文作品翻译成少数民族语言的、将作品翻译成盲文的供阅读障碍者使用的等公益行为。第五，免费表演。表演者不获取报酬且不向观众收费的，不以营利为目的的免费表演。例如，在广场上表演他人创作的舞蹈作品，既不向舞蹈者支付报酬，也不向观众收取费用的，不侵犯他人著作权。

（四）抵制邪教和恐怖主义、极端主义、民族仇恨、民族歧视、封建迷信思想

根据《中华人民共和国网络安全法》第12条第2款的规定，任何个人和组织不得利用网络从事煽动分裂国家、破坏国家统一、宣扬恐怖主义、极端主义，宣扬民族仇恨、民族歧视的活动。2021年中共中央办公厅、国务院办公厅《关于加强网络文明建设的意见》提出，要加强网络空间生态治理。深入开展网络文明引导，大力强化网络文明意识，充分利用重要传统节日、重大节庆和纪念日组织开展网络文明主题实践活动，教育广大网民自觉抵制歪风邪气，弘扬文明风尚。

《宪法》第36条第1款规定："中华人民共和国公民有宗教信仰自由。"中国公民既可以信仰也可以不信仰宗教，有既可以信仰这个宗教也可信仰那个宗教的权利，任何国家机关、社会团体和个人不得歧视信仰或者不信仰宗教的人。但是，应当注意宪法赋予公民的权利是宗教信仰自由，邪教与宗教有本质上的区别，人们必须抵制邪教、拒绝参加邪教。邪教是指冒用宗教、气功或者其他名义建立，神话首要分子，通过制造、散布歪理邪说等手段蛊惑、蒙骗他人，发展、控制成员，危害社会的非法组织。邪教对于社会百害

而无一利，社会危害性极其严重，入教者多被骗取大量钱财、被侵犯性权利，严重的则会导致家庭破裂甚至付出生命。因此，必须抵制邪教和恐怖主义、极端主义、民族仇恨、民族歧视、封建迷信思想，抵制歪风邪气，弘扬文明风尚。

二、其他文明上网的行为规范

网络行为纷繁复杂，法律不能穷尽文明上网行为，只要是遵守法律规范和道德要求，同本条上述几项在行为性质、方式、结果上具有相当性，能够净化网络环境，促进网络文明发展的行为都是值得提倡的。

第十六条【文明经营行为规范】

文明经营，遵守下列规范：
（一）依法经营、诚实守信、公平竞争；
（二）提供商品或者服务时，明码标价；
（三）依法依规开展广告宣传，不欺骗、误导消费者；
（四）依法保护顾客信息、商业秘密；
（五）经营活动不妨碍公共秩序、占用盲道，主动履行包卫生、包绿化、包秩序的门前三包义务；
（六）其他文明经营的行为规范。

【条文释义】

在社会主义市场经济体制中，经营者应当遵守社会主义经济规律，遵守相关法律法规，践行社会主义核心价值观，文明经营。社会主义核心价值观提倡守法经营、公平竞争、诚信守约，有利于形成稳定、公平透明、可预期的法治化营商环境。文明经营是市场主体践行社会主义核心价值观的重要内容，不仅能够建立守法诚信、

第二章 文明行为规范

公平竞争、环境整洁、秩序井然的市场环境,而且有助于赣州市商业文化形象。

一、本条规定的文明经营行为的注意事项

(一)依法经营、诚实守信、公平竞争

经营者在经营过程中必须依照法律法规进行,推动、践行社会主义核心价值观,在经营市场中公平竞争,对待消费者要诚实守信。本条所称的经营者,是指从事商品生产、经营或者提供服务(以下所称商品包括服务)的自然人、法人和非法人组织。

1. 诚实守信

"推人以诚,则不言而信矣。"经营者唯在经营过程中待人以诚信,才能在竞争激烈的市场上占有一席之地。

《中华人民共和国消费者权益保护法》第 16 条第 3 款规定:"经营者向消费者提供商品或者服务,应当恪守社会公德,诚信经营,保障消费者的合法权益;不得设定不公平、不合理的交易条件,不得强制交易。"因此,经营者在销售商品或者提供服务时,应当做到诚实守信,做到商品质量有保障,服务到位,维护消费者的知情权。根据《中华人民共和国消费者权益保护法》第 8 条第 1 款规定,"消费者享有知悉其购买、使用的商品或者接受的服务的真实情况的权利"。消费者有权要求经营者提供商品的价格、产地、生产者、性能、主要成分、生产日期、有效期限、检验合格证明等商品信息,或者服务的内容、规格、费用等有关情况。该法第 20 条第 1 款规定,"经营者向消费者提供有关商品或者服务的质量、性能、用途、有效期限等信息,应当真实、全面,不得作虚假或者引人误解的宣传"。经营者对消费者就相关商品和服务的质量、性能、有效期限等问题提出的询问,应当作出真实、明确的答复。

2. 公平竞争

经营者在经营过程中应当公平地开展竞争，不得使用不正当的手段牟取利益。

(1)《中华人民共和国反垄断法》对于市场竞争的规制。垄断行为包括垄断协议、滥用市场支配地位和经营者集中。具体分述如下：

第一，垄断协议。垄断协议分为横向垄断和纵向垄断。横向垄断是指同行间达成的协议、行为方式表现为限定价格、限制数量、分割市场和抵制其他经营者等行为。例如，几家生产方便面的厂家达成垄断协议，联合涨价，构成横向垄断。纵向垄断是指经营者与交易相对人之间达成的垄断协议。行为方式表现为固定向第三人转售商品的价格，限定向第三人转售商品的最低价格等行为。

根据《中华人民共和国反垄断法》第 50 条的规定，达成并实施垄断协议的，责令停止违法行为，没收违法所得，处上一年度销售额 1% 以上 10% 以下的罚款；达成未实施的，可以处 300 万元以下的罚款。行业协会组织本行业的经营者达成垄断协议的，可以处 300 万元以下的罚款，情节严重的，社会团体登记机关可以依法撤销登记。

第二，滥用市场支配地位。市场支配地位，是指"经营者在相关市场内具有能够控制商品价格、数量或者其他交易条件，或者能够阻碍、影响其他经营者进入相关市场能力的市场地位"。

滥用市场支配地位的表现形式，包括垄断价格即以不公平的高价销售商品或者以不公平的低价购买商品、亏本销售、拒绝交易、强制交易，即限定交易相对人只能与其进行交易或者只能与其指定的经营者进行交易，搭售商品等行为。根据《中华人民共和国反垄断法》第 57 条的规定，经营者滥用市场支配地位的，"由反垄断执法机构责令停止违法行为，没收违法所得，并处上一年度销售额百分之一以上百分之十以下的罚款"。

第三，经营者集中。经营者合并；经营者通过取得股权或者资产的方式取得对其他经营者的控制权；经营者通过合同等方式取得对其他经营者的控制权或者能够对其他经营者施加决定性影响，都是经营者集中的表现形式。

根据《中华人民共和国反垄断法》第26条和第58条的规定，"经营者集中达到国务院规定的申报标准的，经营者应当事先向国务院反垄断执法机构申报，未申报的不得实施集中"，违法事实经营者集中行为的，"由国务院反垄断执法机构责令停止实施集中、限期处分股份或者资产、限期转让营业以及采取其他必要措施恢复到集中前的状态，处上一年度销售额百分之十以下的罚款；不具有排除、限制竞争效果的，处五百万元以下的罚款"。

(2)《中华人民共和国反不正当竞争法》对于市场竞争的规制。根据《中华人民共和国反不正当竞争法》第2条第2款的规定，不正当竞争，是指经营者在生产经营活动中，违反法律规定，扰乱市场竞争秩序，损害其他经营者或者消费者的合法权益的行为。

不正当竞争的表现形式包括混淆行为、商业贿赂、虚假宣传、侵犯商业秘密、网络不正当竞争、非法有奖销售、诋毁商誉等。

不正当竞争所承担的民事责任包括：第一，因一般不正当竞争行为受到损害的赔偿数额。按照其因被侵权所受到的实际损失确定；实际损失难以计算的，按照侵权人因侵权所获得的利益确定。经营者恶意实施侵犯商业秘密行为，情节严重的，可以在按照上述方法确定数额的一倍以上五倍以下确定赔偿数额。赔偿数额还应当包括经营者为制止侵权行为所支付的合理开支。第二，法定赔偿。

经营者实施"混淆行为""侵犯商业秘密"行为的，权利人因被侵权所受到的实际损失、侵权人因侵权所获得的利益难以确定的，由人民法院根据侵权行为的情节判决给予权利人五百万元以下的赔偿。

(二) 提供商品或者服务时，明码标价

根据《中华人民共和国消费者权益保护法》第 20 条第 3 款规定："经营者提供商品或者服务应当明码标价。"

明码标价是为了保障消费者行使知情权、选择权和公平交易权。就知情权而言，消费有权根据商品或者服务的不同情况，要求经营者提供商品的价格、规格等信息；就选择权而言，价格是消费者作出是否选择某一经营者及其提供的商品的重要因素，是消费者在自主选择商品或者服务时进行比较、鉴别和挑选的主要内容；就公平交易权而言，消费者在购买商品或者接受服务时，有权获得质量保障、价格合理、计量正确等公平交易条件，有权拒绝经营者的强制交易行为。明码标价意味着经营者愿意以该价格售出，而不是隐藏价格以便坐地起价、"宰客"或者强制交易。

(三) 依法依规开展广告宣传，不欺骗、误导消费者

广告宣传是指广告客户（包括工商企业、机关团体、个人等）借助广告经营者的策略、手段，通过一定的媒体或形式向公众宣传、传播广告信息的活动。观念广告重点在于宣传所倡导的观念和思想，引导公众树立新的观念。商品广告重点是宣传、介绍商品的功能、质量，引导消费者的消费。该宣传主要是通过广播、电视、报刊等各种媒体进行的。为了保证宣传的效果，必须选择合适的媒体，采取恰当的方式，制作高质量的广告，同时须依法进行。根据《中华人民共和国广告法》第 3 条、第 4 条的规定，广告应当真实、合法，广告形式和内容要健康、文明，符合社会主义精神文明的要

求,能够弘扬中华民族优良传统。"广告不得含有虚假或者引人误解的内容,不得欺骗、误导消费者。"

禁止的广告内容:广告不得使用或者变相使用中华人民共和国的国旗、国歌、国徽、军旗、军歌、军徽;国家机关、国家机关工作人员的名义或者形象;"国家级""最高级""最佳"等用语;妨碍社会安定、损害社会公共利益、妨碍社会公共秩序或者违背社会良好风尚;含有淫秽、色情、赌博、迷信、恐怖、暴力的内容;含有民族、种族、宗教、性别歧视的内容以及其他内容。

此外,《中华人民共和国广告法》还规定了其他的广告内容,广告主、广告经营者等相关人员必须遵守有关广告的法律法规,否则应承担相应的民事责任。(广告主,是指为推销商品或者服务,自行或者委托他人设计、制作、发布广告的自然人、法人或者其他组织。)

(1)广告主的民事责任。

发布虚假广告,欺骗、误导消费者,损害相关消费者的合法权益,广告主依法承担民事责任。这里的民事责任主要是《中华人民共和国消费者权益保护法》《中华人民共和国产品质量法》和《中华人民共和国食品安全法》中规定的相关责任。

(2)广告经营者、广告发布者、广告代言人的民事责任。

发布虚假广告,欺骗、误导消费者,损害相关消费者的合法权益,如果广告经营者、广告发布者不能提供广告主的真实名称、地址和有效联系方式,消费者可以要求其先行赔偿,还可以请求行政主管部门予以惩处。

关系消费者生命健康的商品或者服务的虚假广告,使消费者受到损害的,广告经营者、广告发布者应当与广告主承担连带责任。社会团体或者其他组织、个人就该类商品或者服务向消费者推荐而造成消费者损害的,应当与提供该商品或者服务的经营者承担连带责任。

对于上述商品以外的商品的虚假广告,造成消费者损害的,广告经营者、广告发布者、广告代言人,明知或者应知广告虚假仍设计、制作、代理、发布或者作推荐、证明的,应当与广告主承担连带责任。

(四)依法保护顾客信息、商业秘密

根据《中华人民共和国消费者权益保护法》的规定,消费者享有个人信息依法受到保护的权利。经营者应当遵循合法、正当、必要的原则收集、使用消费者个人信息,公开其收集、使用规则,明示收集、使用信息的目的、方式和范围,经过消费者同意并在法律、法规和双方约定的范围内收集、使用。经营者及其工作人员应当严格保守消费者个人信息,不得泄露、出售或者非法向他人提供;应当采取技术措施和其他必要措施,确保信息安全,防止消费者个人信息泄露、丢失。如果发生或者可能发生信息泄露、丢失的情况,应当立即采取补救措施。

就商业秘密而言,经营者在交易过程中正当知悉他人商业秘密的,应当履行保密义务,不得披露、使用或者提供给他人使用,否则根据《中华人民共和国反不正当竞争法》等法律规定依法承担相应责任。

二、其他文明经营的行为规范

经营行为多种多样,只要是遵守法律规范和道德要求,同本条上述几项在行为性质、方式、结果上具有相当性,能够营造公平竞争的市场氛围、同消费者建立和谐的交易关系,促进文明经营的行为都是值得提倡的。

第十七条【文明旅游规范】

文明旅游，遵守下列规范：
（一）保护文物、名胜古迹和其他重要历史文化与自然遗产；
（二）尊重当地风俗习惯、文化传统和宗教信仰；
（三）服从景区景点管理；
（四）爱护花草树木和旅游设施，维护景区环境；
（五）其他文明旅游的行为规范。

【条文释义】

文化旅游简称为文旅，是指通过旅游实现感知、了解、体察人类文化具体内容之目的的行为过程。泛指以鉴赏异国异地传统文化、追寻文化名人遗踪或参加当地举办的各种文化活动为目的的旅游。寻求文化享受已成为当前旅游者的一种风尚。中国文化旅游可分为以下四个层面，即以文物、史记、遗址、古建筑等为代表的历史文化层；以现代文化、艺术、技术成果为代表的现代文化层；以居民日常生活习俗、节日庆典、祭祀、婚丧、体育活动和衣着服饰等为代表的民俗文化层；以人际交流为表象的道德伦理文化层。在我国，发展旅游业，开展文化旅游是相当重要的，它不仅可以增强产品吸引力，提高经济效益，还可大力弘扬中国文化。

赣州，一座文化底蕴深厚的城市，拥有丰富的旅游资源。根据《赣州市全域旅游发展总体规划（2021—2035年）》的规划，赣州市将全域旅游发展定位为"三大目标、四张名片"，即以创建全国红色旅游一线城市、粤港澳大湾区生态康养后花园，区域性文化旅游中心为目标，打造"客家文化""红色故都""江南宋城""阳明圣地"四张名片。"客家文化"与"红色故都"是赣州市响亮的两张名片，在本条例第 2 条的条文释义部分已作论述；"江南宋城"和"阳明圣地"则是另外两张鲜亮的名片。赣州市以红色、绿色、古色著称，有着丰富的旅游资源，是中国优秀旅游城市。因此，规范文明旅游行为有利于提升赣州旅游城市形象。本条的文化旅游包括保护历史文化和自然遗产，尊重当地风俗习惯、文化传统和宗教信仰，服从景区景点管理，爱护花草树木和旅游设施，维护景区环境等。

一、本条规定的文明旅游行为的注意事项

（一）保护文物、名胜古迹和其他重要历史文化与自然遗产

《中华人民共和国文物保护法》第 7 条规定："一切机关、组织和个人都有依法保护文物的义务。"文物、名胜古迹等承载一个民族的历史，具有极其重要的历史价值，旅游者应当主要做到如下保护方式：

第一，了解文物、名胜古迹等背后承载的故事、历史意义，并向其他旅游者分享，以促进旅游者的保护意识。例如，赣州是"红色故都"，有着丰富的红色文化资源，瑞金的共和国摇篮景区（叶坪、红井、二苏大等）、中共中央政治局、中央革命军事委员会旧址群等，于都的中央红军长征出发地纪念园、毛泽东同志旧居——何屋、昭忠祠、葛氏宗祠和祁绿山红军长征小道等。这些红色文化遗址背后都有一段艰辛的革命故事，如果旅游者能够了解这些故事并积极向他人分享，那么旅游者就能对这些文化遗址产生共鸣从而促进内心的保护意识，自觉主动地维护遗址的完整。

第二，遵守服从景区景点的保护要求。不同的景区景点会根据自身的特点，采取相应的保护措施。旅游者应当认真遵守这些保护规定，不得故意违反保护要求，破坏文物。另外，发现存在或者可能存在导致文物被破坏的隐患时，应当及时告知景物景点管理者。

第三，劝导、举报、制止他人破坏文物的行为。面对破坏文物者，旅游者可以对其进行劝导，说明文物的重要价值。对于不听劝阻者，应当及时向景区景点管理者报告。如果当时不采取一定措施就会造成文物被破坏的，可以实施制止行为，但以保护文物不受破坏为限。

（二）尊重当地风俗习惯、文化传统和宗教信仰

根据《中华人民共和国旅游法》第13条的规定，旅游者在旅游时应当尊重当地的风俗习惯、文化传统和宗教信仰。在实地旅游之前，旅游者应当积极查阅关于景区景点当地人们的生活习惯、风俗传统和宗教信仰，做到入乡随俗。当发现自己的行为冒犯或者可能冒犯本地居民时，应当立即停止冒犯行为，并且向受到冒犯者表示歉意并积极改正。当然，《中华人民共和国旅游法》第10条规定：“旅游者的人格尊严、民族风俗习惯和宗教信仰应当得到尊重。”因此，尊重是相互的，旅游者既要尊重当地的风俗习惯，当地人也要尊重旅游者的传统和信仰，共同营造文明和谐的旅游环境。

（三）遵守服从景区景点管理

各景区景点会依据法律法规，根据自身的情况建立健全管理制度，旅游者应当遵守这些管理规定。遵守服从景区景点管理，不仅能维护旅游秩序、营造舒适的旅游环境，更重要的是，还能保障自身和他人的人身安全。根据《中华人民共和国旅游法》第15条的规定，旅游者应当遵守旅游活动时的安全警示规定，对国家应对重大突发事件有关部门、机构或者旅游经营者采取的安全防范和应急处置措施，应当予以配合；违反上述规定的，承担相应的责任。

（四）爱护花草树木和旅游设施，维护景区环境

根据《中华人民共和国旅游法》第13条的规定，旅游者在旅

游活动中应当爱护旅游资源,保护生态环境。景区景点多会种植花草树木、提供公共便利设施(如公共厕所、母婴室)等其他旅游设施,为旅游者营造一个优美的旅游环境、提供相应便利。相应地,旅游者应当要爱护花草树木,文明使用公共设施,自觉维护景区环境。

二、其他文明旅游的行为规范

文明旅游,不仅能够彰显文物的历史价值或者展现自然的雄伟壮丽,同时能够提升旅游者自身素质从而促进社会的文明进步,因此,同本条上述几项行为在其性质、方式、结果上具有相当性的旅游行为都是值得提倡、鼓励的。

第十八条【文明乡风】

树立文明乡风,遵守下列规范:
(一)遵守村规民约,推动移风易俗,破除陈规陋习;
(二)保持房前屋后整洁卫生,不随意堆放土石、柴草等物品;
(三)保持家禽、家畜圈舍卫生,不影响周边生活环境;
(四)不在公路上晒粮、堆放物料影响通行;
(五)及时回收农用薄膜、农药包装物等废弃物,防止农业面源污染;
(六)其他乡村文明的行为规范。

【条文释义】

乡村振兴,乡风文明是保障。必须坚持物质文明和精神文明一起抓,提升农民精神风貌,培育文明乡风、良好家风、淳朴民风,不断提高乡村社会文明程度。农业农村农民问题是关系国计民生的根本性问题,实现乡村振兴,乡村文化建设不容忽视。乡村文明是社会主义精神文明建设的重要组成部分，是社会主义新农村建设的重要内容。《中华人民共和国乡村振兴促进法》第 29 条规定："各级人民政府应当组织开展新时代文明实践活动，加强农村精神文明建设，不断提高乡村社会文明程度。"《中华人民共和国国民经济和社会发展第十四个五年规划和 2035 年远景目标纲要》第 24 章开章提到："把乡村建设摆在社会主义现代化建设的重要位置，优化生产生活生态空间，持续改善村容村貌和人居环境，建设美丽宜居乡村。"树立文明乡风、促进乡村文明行为是社会主义现代化建设的突出任务，也是社会主义精神文明建设的重要一环，所以为乡村文明行为提供规范指引十分重要。

一、乡村文明行为规定的注意事项

（一）遵守村规民约，推动移风易俗，破除陈规陋习

村规民约是村民群众在村民自治的起始阶段，依据党的方针政策和国家法律法规，结合本村实际，为维护本村的社会秩序、社会公共道德、村风民俗、精神文明建设等方面制定的约束规范村民行为的一种规章制度。它属于公约的一种形式。村规民约是推动移风易俗、破除陈规陋习的有力推手，是树立新时代文明乡风的重要环节。村规民约，是村民在充分表达自身意愿，相互协商、相互让步的基础上，以促进本村全面、和谐发展为目的，就思想道德、村内治安、婚丧嫁娶、村居环境等本村事务所达成的合意，是本村村民应当遵守的行为规范。村规民约体现的是全体村民的共同意志，凝聚着一个乡村的文化，是适用于所有村民的行为规范，指导村民的行为方向。

村规民约既不同于法律，也不同于熟人之间不言自明的行为规范，它是介于二者之间的规范。村规民约既把行为规范明确化，又兼顾熟人之间的行为特点，行为规范集中体现了地域以及人与人之

间关系的特殊性。所谓"入乡随俗"之"俗",不仅体现在共同的、为人容易观察的风俗习惯上,还体现在细微的熟人之间的相处方式上。村规民约的这一特点能够弥补法律在熟人社会中所欠缺的"人情",又能将熟人的相处模式明确表达出来,在发生纠纷时提供具有说服力的判断标准从而避免人情过度影响当事人的意志。此外,村规民约因此特点对于推动移风易俗和破除陈规陋习能够产生较强的影响。

(二)保持房前屋后整洁卫生,不随意堆放土石、柴草等物品

建设美丽宜居乡村,保持乡村环境卫生是十分重要的部分。乡村各家各户保持房前屋后整洁卫生主要要做到以下几点:

第一,及时打扫门前卫生,清扫房前路面。各家各户可视具体卫生情况,适时清扫门前路面。车辆往来较多的时候,路面上会留下车印及其附带的泥土等,刮风时灰尘容易积聚,下雨时导致地面湿滑,在这些及类似的情况下都应当及时清扫,既保证行人安全,又能维持环境干净整洁。

第二,助力农村"厕所革命"。厕所是文明的尺度之一,是建设美丽乡村的重要抓手。一个干净卫生的厕所,不仅是为了看起来好看,更重要的是,因其卫生而带来的健康和提升人们对于文明行为的意识程度。各家各户应当文明如厕,及时打扫厕所。

第三,不在房屋周围随意堆放物品。在乡村,一般各家各户都有农用器具,有的是大型机器,还有许多收获的农作物或者其他与生活生产相关的东西。由于这些东西占用空间较大,所以农户多选择在房前屋后空地处放置这些物品。这虽然是客观需要,但仍应当注意以下几点:首先,必须保证堆放物不会对人身安全产生危险。堆放土石、瓦片等物品有坍塌致人损害的危险,因此需要对堆放物采取一定措施,防止此种危险的实际发生,如设置一定隔离物、加

固堆放物等措施。《民法典》第1255条规定："堆放物倒塌、滚落或者滑落造成他人损害，堆放人不能证明自己没有过错的，应当承担侵权责任。"因此，堆放物致人损害的，堆放人需要承担相应责任。其次，不得影响道路通行。堆放物应当放置在合理位置，不得影响他人通行，给他人生活、生产带来不便。最后，充分使用堆放物，不必要放置的物品应当及时处理。对于那些暂时不使用或者因其他原因有必要放置的物品才需要堆放，能够使用或者有处理条件的，应当及时处置，不得随意堆放。

（三）保持家禽、家畜圈舍卫生，不影响周边生活环境

饲养家禽、家畜会产生废水、微生物病原体、饲料中的农药残留等多个方面的污染体，对土壤、大气以及水资源都会产生不同程度的污染。畜禽的排泄物中因为含有很多难以分解的有害气体，包括硫化氢、粪臭素、胺、吲哚等上百种有害物质，不但影响人类和禽类的健康，还会导致酸雨等现象，对大气造成了严重的污染。保持家禽、家畜圈舍卫生主要是清理其排泄物，防止动物粪便堆积，产生异味和滋生细菌、蛆蝇，保持圈舍周边干净卫生。

（四）不在公路上晒粮、堆放物料影响通行

根据《中华人民共和国公路法》第46条的规定，禁止任何单位和个人在公路上和公路用地范围内堆放物品而影响道路通行。根据《民法典》第1256条的规定，在公路上堆放物品妨碍通行，造成他人损害的，行为人承担侵权责任。因此，各家各户应当在自家范围或划定范围内晾晒粮食、堆放物料，不得占用公路，否则可能承担侵权责任。

（五）及时回收农用薄膜、农药包装物等废弃物，防止农业面源污染

根据生态环境部、农业农村部有关司局负责人就《农业面源污

染治理与监督指导实施方案（试行）》（以下简称《实施方案》）答记者问的回答，面源污染，又称非点源污染，农业面源污染，是指农业生产过程中由于化肥、农药、地膜等化学投入品不合理使用，以及畜禽水产养殖废弃物、农作物秸秆等处理不及时或不当，所产生的氮、磷有机物质等营养物质，在降雨和地形的共同驱动下，以地表、地下径流和土壤侵蚀为载体，在土壤过程中过量累计或者进入受纳水体，对生态环境造成的污染。

党中央、国务院高度重视农业面源污染防治工作，为此，生态环境部和农业农村部大力实施《农业农村污染治理攻坚战行动计划》《关于打好农业面源污染防治攻坚战的实施意见》等防治污染行动，《实施方案》的制定又开启了新一轮治理工作。农业面源污染治理是生态环境保护的重要内容，事关农村生态文明建设，事关国家粮食安全和农业绿色发展，事关城乡居民的"水缸子""米袋子""菜篮子"。防治农业面源污染具有重要意义。

根据《中华人民共和国土壤污染防治法》和《实施方案》的规定，农业投入品的生产者、销售者和使用者（本项规定主要指农户），应当及时回收农用薄膜、农药包装物等废弃物，并将农药包装废弃物交由专门机构或者组织进行无害化处理。在防治农业面源污染工作中，农户应当积极配合，遵守相关规定，使用绿色高效的农药、肥料，回收农业投入品的废弃物，为共同打造一个美丽宜居的乡村贡献力量。

二、其他乡村文明的行为规范

人们的生活、生产行为是极其多样、不能穷尽的，上述几项行为是乡村生活中主要的、常见的、需要规范的行为，遵守这些规范可以为建设美丽宜居乡村添砖加瓦，但其他在性质、方式、结果上与上述几项行为具有相当性的行为同样值得提倡、鼓励。

第十九条【优良家风】

树立优良家风,遵守下列规范:
(一)家庭成员互相尊重,互相扶持;
(二)夫妻和睦,互敬互爱,勤俭持家;
(三)尊敬长辈,赡养、关心老人;
(四)关爱未成年人健康成长,教育其养成文明行为习惯;
(五)邻里之间互敬互助、和谐相处;
(六)其他家庭文明的行为规范。

【条文释义】

2016年12月12日,习近平总书记在会见第一届全国文明家庭代表时发表重要讲话指出:"中华民族历来重视家庭。正所谓'天下之本在家'。尊老爱幼、妻贤夫安、母慈子孝、兄友弟恭、耕读传家、勤俭持家,知书达礼、遵纪守法,家和万事兴等中华民族传统家庭美德,铭记在中国人的心灵中,融入中国人的血脉中,是支撑中华民族生生不息、薪火相传的重要精神力量,是家庭文明建设的宝贵精神财富。"根据国家卫生健康委、农业农村部、中国计划生育协会《关于服务乡村振兴促进家庭健康行动的实施意见》的内容,要深入开展创建幸福家庭活动,树立社会主义家庭文明新风尚。进一步建设家庭、家教、家风,发挥家庭抚幼养老的功能,弘扬尊老爱幼、男女平等、邻里团结等传统美德。2021年,中宣部、中央文明办、中央纪委机关、中组部、国家监委、教育部、全国妇联印发《关于进一步加强家庭家教家风建设的实施意见》要求,要加强习近平总书记关于注重家庭、家教、家风建设重要论述的学习宣传,让新时代家庭观成为亿万家庭日用而不觉的道德规范和行为准则。要以社会主义核心价值观引领家庭、家教、家风建设，升华爱国爱家的家国情怀、建设相亲相爱的家庭关系、弘扬向上向善的家庭美德、体现共建共享的家庭追求。要围绕落实立德树人的根本任务开展家庭教育，引导家长用正确行动、正确思想、正确方法培养孩子养成好思想、好品行、好习惯。另外，《民法典》第1043条规定："家庭应当树立优良家风，弘扬家庭美德，重视家庭文明建设。夫妻应当互相忠实，互相尊重，互相关爱；家庭成员应当敬老爱幼，互相帮助，维护平等、和睦、文明的婚姻家庭关系。"

为实施《民法典》的规定，本条对家庭成员间、夫妻间与长幼间、邻里间关系进行规范，勾勒出公民应当遵守的家庭邻里间的文明行为规范。

一、本条规定的家庭文明行为的注意事项

第一，家庭成员互相尊重，互相扶持。《民法典》第1045条规定："亲属包括配偶、血亲和姻亲。配偶、父母、子女、兄弟姐妹、祖父母、外祖父母、孙子女、外孙子女为近亲属。配偶、父母、子女和其他共同生活的近亲属为家庭成员。"由此可以看出，本项所规定的家庭成员一般是指配偶、父母和子女。如果兄弟姐妹、祖父母、外祖父母等与本人共同生活的也是家庭成员。家庭成员相较于亲属和近亲属的范围更小，但是人与人之间的联系更加紧密。人与人之间的关系就像一颗石子落入水中，荡起一圈圈波纹，在这波纹内的人都与自己产生着联系。离波纹中心越近则代表关系更加紧密，家庭成员就是靠近中心的波纹范围之内的一群人。家庭成员之间互相尊重，能够培养个人的荣辱感，也有利于培养对家庭成员之外的人保持尊重的习惯，进而使整个社会成为一个互相尊重的社会；家庭成员之间互相扶持，有利于个人生活和发展，有利于构建一个互帮互助的家庭关系。

第二，夫妻和睦，互敬互爱，勤俭持家，家和万事兴。一般来说，夫妻是家庭的核心力量，夫妻间能够做到互敬互爱、和睦相处，为营造一个和谐温暖的家庭环境共同努力，既可以使父母放心，安享晚年，又能为子女做表率，有利于子女身心健康发展。

第三，尊敬长辈，赡养、关心老人，关爱未成年人健康成长，教育其养成文明行为习惯。老人，已为社会发展奉献年华；未成年人，未来社会的中坚力量。尊敬长辈、赡养老人是后辈、子女应尽的义务。赡养老人不应当只是经济上的给予，更应当是感情上的付出。子女应当常陪伴老人，勿让老人感到孤独。父母应当关爱子女，长辈应当呵护晚辈。保护未成年人健康成长，就是保护祖国的未来。

第四，邻里之间互敬互助、和谐相处。《民法典》第288条规定："不动产的相邻权利人应当按照有利生产、方便生活、团结互助、公平合理的原则，正确处理相邻关系。"邻里之间相处要做到方便生活、生产，相互团结、互相帮助，共同为构建和谐的邻里关系，为促进社会文明进步作出贡献。

二、其他家庭文明的行为规范

除上述几项家庭文明行为外，还有许多其他能够促进家庭文明的行为，所以本条鼓励人们进行在性质、方式、结果等方面与上述几项行为具有相当性的活动。

第二十条【文明就医规范】

文明就医，遵守下列规范：

（一）遵守医疗机构正常秩序；

（二）尊重医务人员，按照规定配合诊疗活动；

（三）通过合法途径解决医疗纠纷；

（四）其他文明就医的行为规范。

【条文释义】

医院是特殊的公共场合，一个城市的文明在医院也能得到真实的展现。医患关系是一种复杂的社会关系，处理恰当，不仅能够维护医疗秩序、帮助患者恢复健康，而且能够促进医患关系稳定发展；处理不当，则可能产生医疗纠纷，甚至出现违法犯罪情形。作为市民，我们要文明就医，共创文明舒适的就医环境。2021年《江西省医疗纠纷预防与处理条例》第19条对文明就医作出了规定，患者及其近亲属或者其代理人应当遵守下列规定：(1) 遵守医疗机构管理制度和医疗秩序，尊重医务人员；(2) 如实向医务人员陈述病情病史，配合医务人员进行检查、诊疗和护理，并按照要求签署相关知情同意书面材料；(3) 按照规定支付医疗费用；(4) 配合医疗机构根据病情要求其转诊或者出院的安排；(5) 对医疗行为有异议的，依法表达意见和诉求。患者及其近亲属或者其代理人不得强行要求医疗机构作出超出其救治能力和执业范围的医疗行为。因此，本条进行了援引，规范了文明就医行为规范，以促进文明就医行为而维持医疗秩序稳定运行，保障患者健康和医务人员的人格尊严和人身安全。

一、本条规定的文明就医行为的注意事项

（一）遵守医疗机构正常秩序；尊重医务人员，按照规定配合诊疗活动

医疗机构，是指依法定程序设立的从事疾病诊断、治疗活动的卫生机构的总称。我国的医疗机构是由一系列开展疾病诊断、治疗活动的卫生机构构成的。医院、卫生院是我国医疗机构的主要形式。此外，还有疗养院、门诊部、诊所、卫生所（室）以及急救站

等，共同构成了我国的医疗机构。根据《中华人民共和国基本医疗卫生与健康促进法》第 33 条第 2 款、第 57 条第 1 款的规定，公民接受医疗卫生服务，应当遵守诊疗制度和医疗卫生服务秩序，尊重医疗卫生人员。医疗卫生人员应当受到全社会的关心、尊重，公民应当维护医疗机构正常秩序，共同构建和谐医患关系。《医疗纠纷预防和处理条例》第 3 条第 2 款和第 20 条规定，"在诊疗活动中，医患双方应当互相尊重""患者应当遵守医疗秩序和医疗机构有关就诊、治疗、检查的规定，如实提供与病情有关的信息，配合医务人员开展诊疗活动。"另外，《江西省医疗纠纷预防与处理条例》第 19 条也对遵守医疗机构秩序作出了规定。由此可见，维护医疗机构正常秩序、尊重医务人员是文明就医的基本要求，对医疗服务发展和患者健康都具有重要意义。

（二）通过合法途径解决医疗纠纷

1. 医疗纠纷释义

《医疗纠纷预防和处理条例》第 2 条规定："本条例所称医疗纠纷，是指医患双方因诊疗活动引发的争议。"《江西省医疗纠纷预防与处理条例》第 2 条第 2 款对此作出了更具体的表达，即"患者及其近亲属与医疗机构及其医务人员就检查、诊疗、护理等行为造成的后果及原因、责任、赔偿等问题，在认识上产生分歧而引发的争议。"医疗纠纷具有如下特征：

第一，医疗纠纷主体特定。医疗纠纷的主体是医患双方，具体指医疗机构及其医务人员与患者及其近亲属之间的纠纷，其他人员与医患一方或者双方发生的纠纷不属于医疗纠纷。

第二，医疗纠纷客体特定。医疗纠纷的对象是检查、诊疗、护理等行为造成的后果及原因、责任、赔偿等问题。只有属于医疗服务中的行为才可能引发医疗纠纷，其他不属于医疗范围的行为不会产生医疗纠纷，如下班期间医务人员在医院场所之外因其他琐事与人发生的纠纷。

2. 医疗纠纷的合法解决途径

如果发生医疗纠纷，医患双方均应当依据法律，采取合理的方式解决纠纷。根据《医疗纠纷预防和处理条例》《医疗事故处理条例》《江西省医疗纠纷预防与处理条例》的规定，医疗纠纷的合法处理途径有以下几种：

（1）初步解决方式。根据上述法律（广义）规定，医疗机构应当建立健全医患沟通机制和投诉接待制度，设置统一投诉窗口和接待场所，配备专（兼）职人员，在显著位置公布医疗纠纷的解决途径、程序。因此，患者认为在检查、诊疗、护理等行为造成的后果及原因、责任、赔偿等问题上，与医疗机构存在认识上的差异时，可向投诉窗口或者接待场所人员提出咨询、意见和建议。医院则指定有关人员与患者或者其近亲属沟通，如实说明情况。

医疗机构投诉窗口接到投诉后，对于涉及收费、价格等能够当场核实处理的投诉事项，应当当场解答和处理；无法当场解答和处理的，应当及时交办相关科室或者报送医疗机构负责人指定相关责任人员研究投诉事项，在 10 个工作日内将处理情况或处理意见向投诉人书面反馈。患者及其近亲属或者其代理人对医疗机构的解答和处理不满意的，可以向医疗机构所在地卫生健康委员会工作部门投诉。

（2）双方自愿协商。医疗机构通常有负责处理医疗纠纷的部门或者医疗纠纷处理工作人员，医疗机构负责人、科室负责人和医务人员在医疗纠纷处理中都有相应的职责。医疗纠纷发生后，患者及其近亲属或者其代理人可以向医疗机构负责处理医疗纠纷的部门和有关人员提出意见和请求。

医患双方协商解决纠纷的，应当坚持自愿、合法、平等的原则，医患有一方不同意协商的，不得进行协商，应当采取其他途径解决。在协商过程中，医患双方都必须尊重客观事实、遵守对方的权利，表达意见时要合理、文明。如果医疗纠纷争议较大或者赔偿数额较高，可以采取人民调解的方式。数额在 2 万元以上的，医疗机构应当告知患者一方可以向医疗纠纷人民调解委员会申请调解。双方协商达成一致的，应当签署书面和解协议书。

（3）申请人民调解。设区的市、县（市、区）医疗纠纷人民调解委员会负责本行政区域内医疗纠纷的人民调解工作。医疗机构应当在显著位置公布医疗纠纷人民调解委员会等相关机构的职责、地址和联系方式，方便患者及其近亲属投诉或者咨询。因此，医疗纠纷发生，患者一方可以向医疗纠纷发生地的医疗纠纷人民调解委员会申请调解。

医患双方经人民调解达成一致的，医疗纠纷人民调解委员会应当制作调解协议书。调解协议书经医患双方签字或者盖章，人民调解员签字并加盖医疗纠纷人民调解委员会印章后生效。医患双方可以向人民法院申请确认调解协议的效力，经人民法院依法确认有效的医疗纠纷人民调解协议书具有强制执行力。

（4）申请行政调解。发生医疗纠纷后，医患双方可以向医疗纠纷发生地县级人民政府卫生主管部门申请行政调解。这里的卫生主管部门是指卫生健康委员会。申请可以以书面或者口头方式进行，具体要求参照上述向医疗纠纷人民调解委员会申请调解的规定。一方当事人拒绝调解，或者已经向人民法院提起诉讼并且已被受理，或者已经申请医疗纠纷人民调解委员会调解并且已被受理的，卫生主管部门不予受理；已经受理的，终止调解。经卫生主管部门调解达成一致的，医患双方应当签署调解协议书。

(5) 向人民法院提起诉讼。当事人协商、调解不成的，可以依法向人民法院提起诉讼。当事人也可以直接向人民法院提起诉讼。协商、调解不是诉讼的前置程序。

3. 纠纷过程中患者一方不得实施的行为

发生医疗纠纷后，患者应当根据上述途径文明合理地解决问题，不得实施下列不文明行为：聚众占据医疗机构的诊疗场所、办公场所，如聚集人数较多的家属和亲戚占据医疗机构场所，以此向医疗机构施加压力；在医疗机构内拉条幅、设灵堂、焚香烧纸、摆花圈、散发传单、喧闹、张贴大字报、围堵就医通道；拒不将遗体移放太平间或者殡仪馆；侮辱、威胁、恐吓、故意伤害医务人员，或者非法限制医务人员人身自由，如辱骂、殴打医务人员等违法的不文明行为；损毁医务资料、医疗器械和其他医疗设施；非法携带易燃、易爆危险物品和管制器具进入医疗机构以及其他扰乱医疗机构正常医疗秩序的行为。这些行为均为被禁止的行为，造成一定后果的，行为人须承担相应责任。

二、其他文明就医的行为规范

其他文明行为是指在性质、方式、结果等方面与上述几项行为具有相当性的行为。例如，劝导他人遵守医疗秩序，按照规定及时支付医疗费用等行为。

第二十一条【弘扬苏区、长征精神】

弘扬苏区精神、长征精神，传承红色基因，牢记革命历史，倡导下列行为：

（一）参加红色教育、红色研学和红色旅游，讲好红色故事，传唱红色歌曲；

（二）尊崇、铭记英雄烈士，宣传、弘扬其事迹和精神；

（三）爱护红色文物，抵制、劝导、举报污损破坏红色文物的行为；

（四）向相关部门提供、捐献红色文史资料或者红色文物；

（五）其他传承、传播红色文化的行为。

【条文释义】

赣州具有丰富的红色文化和红色资源。赣州红色文化是中国共产党领导人民大众在赣州这片红土地上，进行革命根据地建设和红色政权建设的伟大实践中形成的先进文化，而苏区精神无疑是赣州红色文化的核心和灵魂，并凸显出赣州红色基因的特质。目前，赣州市在红色文化保护条例上已有《赣州市革命遗址保护条例》，该条例侧重保护有形的革命遗址。

2019年5月20日，习近平总书记在于都参观中央红军长征出发纪念馆时提出："我们不能忘记党的初心和使命，不能忘记革命理想和革命宗旨，要继续高举革命的旗帜，弘扬伟大的长征精神，朝着中华民族伟大复兴的目标奋勇前进。"5月22日，习近平总书记在听取江西省委和省政府工作汇报时强调："井冈山精神和苏区精神，承载着中国共产党人的初心和使命，铸就了中国共产党的伟大革命精神。这些伟大革命精神跨越时空、永不过时，是砥砺我们不忘初心、牢记使命的不竭精神动力。"苏区精神的主要内涵，是无数革命先辈用鲜血和生命铸就的坚定信念、求真务实、一心为民、清正廉洁、艰苦奋斗、争创一流、无私奉献等精神。

在纪念红军长征胜利80周年大会上，习近平总书记在讲话中指出："穿越历史的沧桑巨变，回望80年前那段苦难和辉煌，我们更加深刻地认识到，长征在我们党、国家、军队发展史上具有十分伟大的意义，对中华民族历史进程具有十分深远的影响。"伟大的长征精神,是中国共产党人及其领导的人民军队革命风范的生动反映,是中华民族自强不息的民族品格的集中展示,是以爱国主义为核心的民族精神的最高体现。

为了贯彻习近平总书记的重要讲话精神,传承红色基因,弘扬长征精神与苏区精神,本条倡导红色文化的传承与弘。包括参加红色活动、尊崇宣扬先烈、爱护与保护红色文物、提供与捐献红色文史资料或者红色文物等。通过弘扬与传承红色文化,能够将苏区精神与长征精神内化于群众内心,从而形成深层次的文化积淀,促进其作出外在的文明行为。

一、本条关于传承、传播红色文化的具体规定

(一)参加红色教育、红色研学和红色旅游,讲好红色故事,传唱红色歌曲

本项从自身学习、体会和向他人传播红色文化两个方面进行规定:

首先,通过参加红色教育、红色研学和红色旅游活动,亲身学习和体会红色文化,增强自身红色文化素养。红色教育形式丰富多样,人们可以通过各种途径加以学习。对此可分为两种途径:线上与线下。随着网络的迅速发展,在网络空间中参加红色教育已经成为人们主要的学习方式。线上红色教育形式十分丰富,观看红色电影、电视连续剧;关注微信、微博关于宣讲红色文化的公众号或者博主等。线下红色教育是最基本的学习方式,要求人们亲身到相应场所或切实加入某一活动中,有着线上教育无法比拟的庄重感。如参观中央苏区历史博物馆。

其次,讲好红色故事,传唱红色歌曲,向他人传播红色文化。人们在自身努力学习红色文化的同时,也要积极向周围的人宣讲红色故事。一方面,在讲述的过程中能够加强自身对红色故事的感

受；另一方面，能让更多人了解红色故事，使红色文化得以传播。每一首红色歌曲，都是对革命时代的反映，各自的背后都承载着一段伟大的历史，传唱红色歌曲，则以一种独特的方式传承了红色基因、传播了革命历史。

（二）尊崇、铭记英雄烈士，宣传、弘扬其事迹和精神

英雄烈士是指那些在革命斗争、保卫祖国、社会主义现代化建设事业中以及为争取大多数人的合法正当利益而壮烈牺牲的人员。2018年4月27日，中华人民共和国第十三届全国人民代表大会常务委员会第二次会议通过《中华人民共和国英雄烈士保护法》，其目的是为加强对英雄烈士的保护，维护社会公共利益，传承和弘扬英雄烈士精神、爱国主义精神，培育和践行社会主义核心价值观，激发实现中华民族伟大复兴中国梦的强大精神力量。赣南子弟在革命斗争中作出了巨大贡献，涌现出许多革命英雄，书写了无数感人肺腑的英雄故事，铸就了不朽的革命精神。《中华人民共和国英雄烈士保护法》第3条第1款、第3款规定："英雄烈士事迹和精神是中华民族的共同历史记忆和社会主义核心价值观的重要体现。""全社会都应当崇尚、学习、捍卫英雄烈士。"

尊崇、铭记英雄烈士应当做到以下几点：第一，学习、传播和弘扬英雄事迹及精神。英雄烈士应当为后辈所铭记。不同人群、不同职业的人都应当根据自身情况积极宣传英雄烈士的事迹和精神。例如，学校可以开设红色英雄事迹分享课程；机关、事业单位等可以举办革命英雄事迹宣传比赛；居民（村民）委员会可在公共场所张贴关于英雄事迹的文章或者图画等。第二，在清明节、烈士纪念日或者其他特殊日期纪念英雄烈士。例如，在清明节，人们可以去烈士陵园祭拜英雄烈士，或者去革命遗址参观纪念以及进行其他的纪念行为。第三，关爱英雄烈士遗属。在日常生活中，应当为英雄

烈士遗属提供必要帮助，构建关爱英雄烈士遗属的社会氛围。

（三）爱护红色文物，抵制、劝导、举报污损破坏红色文物的行为

红色文化指中国共产党领导广大劳动人民群众在长期的革命斗争与建设实践中形成的新中国特有的文化形式，是无数革命先辈智慧与生命的凝结，是新中国发展的宝贵财富。而红色文物是红色文化的载体，具体表现形式有革命遗址、红色实物、红色纪念设施等。红色文物作为红色文化的重要载体，集中彰显了中国共产党在长期奋斗过程中所形成的精神智慧。它见证了中华民族的苦难历史与光辉时刻，是中华民族弥足珍贵的精神财富。进入新时代，保护好红色文物，传承好红色精神，具有重要的理论和实践意义。切实加强新时代革命文物工作，充分发挥革命文物在开展爱国主义教育和革命传统教育、培育社会主义核心价值观、实现中华民族伟大复兴中国梦中的重要作用。

第一，保护红色文物是传承与发展红色文化的客观要求。每一件红色文物都带有特定的历史背景与丰富的红色记忆，它不是一件没有生命力的文物，而是革命年代中国人民在中国共产党的领导下对建立社会主义国家的信念，是建设时期中国共产党带领中国人民艰苦奋斗创造奇迹的见证，是改革开放时期中国共产党同中国人民不断探索社会主义新局面的积淀。因此，保护红色文物不仅是文物保护，更是为红色文化的传承与发展奠定了坚实基础。

第二，保护红色文物是培育社会主义核心价值观的内在要求。保护红色文物不仅是对红色文化的继承，更为重要的是使红色文物在当代亦能熠熠生辉。在价值观上，红色文物延续着中国共产党和中国人民的独立、自强与自信，是中国特色社会主义的文化名片。对红色文物来说，历史的积淀固然能够发挥其应有的价值，但在新

时代，我们应该以更加开放的姿态，深入挖掘红色文物的时代价值与意义。

第三，保护红色文物是实现中华民族伟大复兴中国梦的重要助力。红色文物不仅是摆在博物馆和纪念馆里的物品，更是我国社会主义革命、建设和改革开放的精神动力。红色文物蕴含的精神力量承载了中华传统文化的优秀基因，代表着中国共产党在中国特色社会主义新时代为中国人民谋幸福、为中华民族谋复兴的初心和使命。红色文物见证了百年来中国共产党领导中国人民革命、建设与发展的光辉历程，是红色文化的重要载体，也是红色文化最直接的"见证者"，保护好红色文物可以为实现中华民族伟大复兴提供不竭动力。

因此，公民应当爱惜、保护红色文物，发现污损破坏红色文物行为时，可以对行为人进行制止、劝导或者向当地文物主管部门或者其他相关部门举报。

（四）向相关部门提供、捐献红色文史资料或者红色文物

根据《中华人民共和国文物保护法》的规定，国家在精神或者物质上鼓励个人将其收藏的重要文物捐献给国家或者为文化保护事业作出捐赠。向相关部门提供、捐献红色资料或者文物，有利于革命历史研究、红色基因的传承，是一种敬重历史、尊崇英雄先烈的文明行为。

二、其他传承、传播红色文化的行为

苏区精神、长征精神需要人们认真感受并加以传承，英雄先烈的精神需要人们传播，唯有如此，英雄方可活于世代人的心中，才能真正的永垂不朽。因此，本条鼓励其他能够弘扬苏区精神和长征精神、传承红色基因和传播革命历史的行为。

第二十二条【传承、弘扬客家文化】

传承、弘扬优秀客家文化,倡导下列行为:

(一)发扬客家人爱国爱乡、吃苦耐劳、开拓进取、崇先报本、崇文重教、忠厚传家、和衷共济等优良传统;

(二)保护和传承客家方言、客家民间艺术以及优秀的客家民俗文化;

(三)保护、传承和合理利用客家传统技艺;

(四)捐献客家文物,或者将客家文物交付相关部门使用;

(五)其他传承、弘扬优秀客家文化的行为。

【条文释义】

文化是关系到一个民族或一个民系的族群认同,文化安全事关民族或民系的安全,是国家安全的重要领域。文化安全并不如经济和军事一般,能用各种数据来表达,文化看不见、摸不着,却如空气一般重要。文化领域潜移默化的细微量变往往使人熟视无睹、麻木不仁,一旦质变发生,所带来的变化和后果不可想象也不可逆转。因此,文化安全的重要性不可低估,但事实上又容易被忽视。

2013年1月6日,文化部正式发文,同意在赣州市设立国家级"客家文化(赣南)生态保护试验区"。客家是汉族八大民系之一,客家文化发源于中原的河洛文化,并与土著的畲瑶文化相结合,形成了丰富多彩的客家文化。客家文化的传承与弘扬不仅事关"客家文化(赣南)生态保护实验区"建设,而且事关为世界客家人留住文化之根的国际责任。从另外的角度来讲,保护好客家文化,也能够促进赣州市的文化旅游产业。与红色文化相同,对优秀客家文化的传承和弘扬同样能够形成深层次的文化积淀,从而促进公民作出外在的文明行为。

因此，本条倡导公民传承客家精神；保护和传承客家方言、客家民间艺术、客家优秀民俗文化、客家传统技艺等非物质文化遗产；捐赠客家文物或将其交付相关部门使用等。

一、本条关于传承、弘扬优秀客家文化的具体规定

（一）发扬客家人爱国爱乡、吃苦耐劳、开拓进取、崇先报本、崇文重教、忠厚传家、和衷共济等优良传统

本项是关于客家优良传统的规定。客家人在长久的生产生活中形成了优秀的客家文化：爱国爱乡，指热爱祖国和家乡，为祖国和家乡的发展作出贡献；吃苦耐劳、开拓进取，指客家人勤劳肯干、能吃苦、积极进取和敢于创新的精神；崇先报本，指尊崇先辈；崇文重教，指客家人优良的文化教育之风，尊崇先进、优秀的文化，重视教育；忠厚传家，指客家人忠实、仁厚的家风；和衷共济，指客家人团结互助的精神，遇到困难，同心协力，共克时艰。

（二）保护和传承客家方言、客家民间艺术以及优秀的客家民俗文化

客家文化是指客家人共同创造的物质文化与精神文化的总和，是客家人聚集地长期形成的独特风格的文化。其构成要素主要包括客家方言、客家民俗、客家民居、客家山歌、客家戏剧、客家流行音乐、客家谚语、客家童谣、客家民歌、客家人物、客家山水、客家诗文、客家历史、客家饮食、客家家规族训、客家武术、客家名人事迹、海内外客家分布等多方面。客家文化是客家族群认同的纽带，是中华优秀传统文化的重要组成部分，需要对其进行保护与传承。

客家话有很坚实的古代汉语基础，是作为中华优秀传统文化组成部分的客家文化活化石，客家话也是世界客家人情感认同的基

础。传承、运用客家方言是海内外客家人共同的传统。客家民间艺术和民俗文化丰富多彩：赣南采茶戏和兴国山歌列入第一批国家级非物质文化遗产名录；信丰手端木偶戏、宁都采茶戏和傩戏、龙南香火龙和杨村过山溜等民间艺术；九狮拜象、哭嫁等客家习俗，其中的哭嫁是为了诉说对父母的养育之恩，是一种良好文明的习俗。《中华人民共和国非物质文化遗产法》第9条规定："国家鼓励和支持公民、法人和其他组织参与非物质文化遗产保护工作。"保护和传承这些优秀客家文化，有利于增强客家人以及中华民族的文化认同，有利于促进社会和谐和稳定发展。

（三）捐献客家文物，或者将客家文物交付相关部门使用

根据《中华人民共和国文物保护法》第12条的规定："有下列事迹的单位或者个人，由国家给予精神鼓励或者物质奖励：……（三）将个人收藏的重要文物捐献给国家或者为文物保护事业作出捐赠……"鼓励人们积极捐献关于客家历史、文化的文物，或者把客家文物交于文物主管部门、博物馆等相关部门使用。将客家文物捐献或者交于相关部门使用，有利于促进客家文化研究，促进公众学习、理解和传承客家文化，具有重要的文化保护与促进意义。

二、其他传承、弘扬优秀客家文化的行为

客家文化内涵丰富，传承与弘扬优秀客家文化的方式也多样化，除上述几种主要的方式外，鼓励人们通过其他在性质、方式、结果等方面与上述几项行为具有相当性的行为，以传承和发扬优秀客家文化。例如，利用信息网络，构建专门的客家文化网络传播平台。

第三章　治理与禁止

【本章为重点治理的不文明行为部分，共三条。主要内容包括日常不文明行为重点治理、不文明饲养犬只及其他宠物重点治理、滥食野生动物重点治理。本章重点治理的不文明行为均是应受处罚的行为，因此集中于本章，便于匹配法律责任。】

第二十三条【重点治理的不文明行为】

重点治理下列不文明行为：

（一）随地吐痰、便溺，乱扔果皮、纸屑、烟头等废弃物；

（二）在城市建筑物、设施以及树木上涂写、刻画或者未经批准张挂、张贴宣传品；

（三）餐饮服务未采取有效措施净化油烟，超标排放；

（四）占用、阻塞、封闭疏散通道、安全出口、消防车通道；

（五）从建筑物、构筑物中向外抛掷物品，或者向车外抛撒物品；

（六）违规搭建建筑物、构筑物；

（七）在禁止吸烟的场所吸烟；

（八）占用城镇街道和公共场所停放遗体、搭设灵棚、摆设花圈挽幛，焚烧或者抛撒冥币、纸钱；

（九）占用公共的新能源汽车充电专用停车位，妨碍他人充电；

（十）驾驶机动车不在规定地点停放，穿插等候车辆，在禁止鸣喇叭的区域或者路段鸣喇叭，不规范使用灯光，行经人行横道不礼让行人；

（十一）驾驶非机动车、不符合国家标准的电动自行车不按照交通信号通行，违反规定行驶；

（十二）行人不按照交通信号通行，不走人行横道或者过街设施，跨越隔离设施。

【条文释义】

一、对不文明行为重点治理的必要性

第二章主要是从正面对文明行为进行规范，即主要鼓励人们应该去做什么。本章是从反面促进文明行为习惯养成，均为禁止性规范，即要求人们不得做什么。

本条经过立法调研、专家论证、向主管部门以及向社会群众广泛征求意见，确定了十二项需要重点治理的日常生活中的不文明行为。专门将这十二项典型不文明行为规定在同一条之下，不仅是为了方便在法律责任一章中予以匹配责任，更主要的是找出突出问题从而予以重点关注并解决。换句话说，如果能处理好这十二项日常生活中的不文明行为，就能从反面极大地促进文明行为工作的顺利开展。

二、重点治理的具体的不文明行为

（一）随地吐痰、便溺，乱扔果皮、纸屑、烟头等废弃物

《城市市容和环境卫生管理条例》第32条规定，公民应当爱护公共卫生环境，不随地吐痰、便溺，不乱扔果皮、纸屑和烟头等废弃物。《赣州市城市管理条例》第26条规定，禁止下列影响市容环境卫生的行为：随地吐痰、便溺，乱扔果皮、纸屑、烟头、碎玻

璃、塑料瓶、易拉罐、包装袋等废弃物。根据赣州市具体情况,以《城市市容和环境卫生管理条例》第32条为依据,借鉴《赣州市城市管理条例》,作出本项规定。

随地吐痰、便溺破坏市容环境卫生,对人的身体健康存在传播疾病风险。比如,传染性疾病的传播、细菌的滋生等。因此,本项规定人们不得随地吐痰、便溺,正确的做法应当是将痰液吐在纸巾上,然后扔进附近的垃圾桶。这样既可以方便环卫工人打扫,也不会冒犯公众情感,还可以减少疾病传播隐患。

乱扔果皮、烟头等废弃物也会带来安全隐患。随意丢弃果皮等易腐烂物质,会滋生细菌、招引苍蝇等,对保持环境卫生有很大的消极影响;乱扔烟头,有可能引发火灾,危及人们生命安全和财产安全。正确的做法是将废弃物丢在垃圾桶中,当下实行垃圾分类,垃圾丢弃处都有相应的提示,根据提示处置好垃圾。对于烟头,要确定将其熄灭之后再予以处置,并注意不得丢弃在易燃物周围。

(二)在城市建筑物、设施以及树木上涂写、刻画或者未经批准张挂、张贴宣传品

《城市市容和环境卫生管理条例》规定,禁止一切单位和个人在城市建筑物、设施以及树木上涂画。在建筑物、设施上面张挂、张贴宣传品的,应当经过市容环境卫生行政主管部门或者其他有关部门批准。

本条"张挂、张贴"行为包括随意书写、刻画、张贴宣传品的行为,宣传品常见的是小广告。根据本项规定,人们不得擅自在楼道、公交站台、公厕等城市建筑物或者构筑物以及杆件、树木上张贴、刻画或者书写小广告。这种不文明行为,不仅影响市容市貌、影响环境,一些不正规的、有害的广告存在着潜在危害,尤其是诈骗类、色情类、赌博类小广告,因此禁止随意张贴宣传品是必

要的。

(三) 餐饮服务未采取有效措施净化油烟，超标排放

《中华人民共和国大气污染防治法》第 81 条第 1 款规定："排放油烟的餐饮服务业经营者应当安装油烟净化设施并保持正常使用，或者采取其他油烟净化措施，使油烟达标排放，并防止对附近居民的正常生活环境造成污染。"《江西省大气污染防治条例》第 40 条第 1 款规定："饮食服务、服装干洗和机动车维修等经营者，应当设置油烟净化装置、异味和废气处理装置等污染防治设施并保持正常使用，或者采取其他净化、处理措施，防止影响周边环境。"根据上述规定以及赣州市具体情况，本项将"餐饮服务未采取有效措施净化油烟，超标排放"规定为重点治理的不文明行为。

要求餐饮服务提供者达标排放油烟，一方面，是为了保护环境，避免污染空气。餐饮油烟是一种成分非常复杂的气溶胶，主要有油烟废气和燃料废气。油烟中的颗粒物组分主要是 $PM_{2.5}$、挥发性有机物是灰霾和臭氧的前体物之一，所以油烟是大气污染的重要来源，是城市雾霾天气的主要原因之一，是多种污染物的"载体"和"催化剂"。另一方面，是为了保障餐饮服务周围居民的正常生活和人身健康。油烟的吸入可直接损害呼吸道黏膜，燃料废气的主要成分会使人的中枢神经受损，造成记忆力衰退等损害。综上所述，对净化油烟、达标排放作出规定是十分必要的。

(四) 占用、阻塞、封闭疏散通道、安全出口、消防车通道

疏散通道、安全出口和消防车通道是发生紧急状况时逃生或者救援的重要通道，因此必须保证上述通道时刻畅通。根据《中华人民共和国消防法》第 28 条规定，任何单位、个人不得损坏、挪用或者擅自拆除、停用消防设施、器材，不得埋压、圈占、遮挡消火栓或者占用防火间距，不得占用、堵塞、封闭疏散通道、安全出

口、消防车通道。人员密集场所的门窗不得设置影响逃生和灭火救援的障碍物。

本项规定了占用、堵塞、封闭通道三种行为方式。具体而言，占用具有明显的使用安全通道的意图，一般是行为人将该通道作为自己的使用空间即"占为己用"。堵塞则无明显的使用意图，包括故意或者过失地设置障碍物且导致通道不畅通的行为。封闭，较之堵塞，则是一种更为严重的行为，完全将安全通道堵塞，具有更大的危害性。

因此，在疏散通道等安全通道处应当设置引人注意的提示语，提醒人们不得妨碍安全通道的使用。另外，人们在日常生活中应当树立安全意识，不占用、堵塞疏散通道等安全通道，更不能封闭通道。遇见占用、堵塞、封闭安全通道情形的，可以劝导、制止行为人停止实施违法行为，情况严重的，及时通知公共场所管理人或者向公安机关等相关部门举报。

（五）从建筑物、构筑物中向外抛掷物品，或者向车外抛撒物品

在日常生活中，高空抛物带来的危害后果已经引起社会公众的担忧和立法者的重视，这从法律关于高空抛物的规定的发展可见一斑。2020年通过的《民法典》第1254条第1款规定，禁止从建筑物中抛掷物品。2020年12月26日公布的《刑法修正案（十一）》将"从建筑物或者其他高空抛掷物品，情节严重的，处一年以下有期徒刑、拘役或者管制，并处或者单处罚金。有前款行为，同时构成其他犯罪的，依照处罚较重的规定定罪处罚。"作为《中华人民共和国刑法》第291条之二从而在刑事层面对高空抛物行为予以规制。因此，禁止高空抛物是重点治理的不文明行为。

本项中的建筑物是指供人居住、工作、学习、生产、经营、娱

乐、储藏物品以及进行其他社会活动的工程建筑。例如，工业建筑、民用建筑、农业建筑和园林建筑等。构筑物是指不具备、不包含或不提供人类居住功能的人工建造物，比如水塔、水池、沼气池等。在建筑物、构筑物上抛弃物品，不论是否造成实际损害，都违反了本项规定，是要予以谴责的不文明行为。

除此之外，本项同时规定不得向车外抛撒物品。《中华人民共和国道路交通安全法》第66条规定，乘车人不得向车外抛撒物品，不得有影响驾驶人安全驾驶的行为。该法规定的行为主体是乘车人，但是本项没有限定主体是乘车人，而且从治理不文明行为的目的的角度来看，机动车驾驶人也有抛撒物品的可能性，因此可以将本项行为主体解释为驾驶人和乘车人。机动车驾驶人和乘车人均不得向车外抛撒物品。

(六) 违规搭建建筑物、构筑物

违规搭建的建筑物、构筑物称为违法建筑。建筑物、构筑物的搭建是否违法，属于一种法律评价。在实际生活中，行为人可能对自身的行为及搭建的建筑物、构筑物在法律上的性质产生错误的认识，即法律认识错误。因此，应当对违法建筑的认定加以明确。

1. 违法建筑的概念

违法建筑，是指违反《中华人民共和国城乡规划法》《中华人民共和国土地管理法》等法律、法规的规定，在未取得建设工程规划许可证、临时建设工程规划许可证等法定许可，或者虽然取得但未按照许可证的要求进行建设，或者非法占用土地，擅自搭建的建筑物、构筑物。

2. 违法建筑的列举

根据相关法律规定，以下情形应当认定为违法建筑：

(1) 根据《中华人民共和国城乡规划法》的规定。在城市、

第三章　治理与禁止

镇规划区内进行建筑物、构筑物工程建设的，建设单位或者个人应当向城市、县人民政府城乡规划主管部门或者经授权的镇人民政府申请办理建设工程规划许可证。由此可知，通常的违法搭建有以下情形。

第一，未取得建设工程规划许可或者未按照建设工程规划许可的规定进行建设。

第二，未经批准进行临时建设、未按照批准内容进行临时建设或者超过批准期限仍不拆除临时建筑物、构筑物。

(2)《中华人民共和国土地管理法》的规定

根据《中华人民共和国土地管理法》的规定，下列建筑应当认定为违法建筑：

第一，因建设项目施工和地质勘查需要临时使用国有土地或者农民集体所有的土地，使用者未按照临时使用土地合同约定的用途在其上修建的永久性建筑物。

第二，在土地利用总体规划制定前已经建成的但不符合土地利用总体规划确定的用途的房屋，又进行重建或者扩建。

第三，对违反土地利用总体规划擅自将农用地改为建设用地，在其上搭建的建筑物、构筑物。

第四，农村村民未经批准或者采取欺骗手段获得批准，非法占用土地建设住宅。

(3)《中华人民共和国水法》和《赣州市饮用水水源保护条例》中规定：

第一，不符合流域综合规划建设的水工程。除在国家确定的重要江河、湖泊和跨省、自治区、直辖市的江河、湖泊外，在其他江河、湖泊上建设水工程，未取得县级以上地方人民政府水行政主管部门按照管理权限签署的符合流域综合规划要求的规划同意书的水工程属于违法建筑。

第二，在河道管理范围内建设妨碍行洪的建筑物、构筑物应认定为违法建筑。

第三，在河道管理范围内建设桥梁或者其他拦河、跨河、临河建筑物、构筑物，不符合国家规定的防洪标准和其他相关技术要求，工程建设方案未报经有关水行政部门审查同意。

第四，在饮用水水源一级保护区内新建、改建、扩建的与供水设施和保护水源无关的建设项目；在饮用水水源二级保护区内新建、改建、扩建的排放污染物的建设项目；在饮用水水源准保护区新建、扩建的对水体污染严重的建设项目，或者改建增加排污量的建设项目。例如，化工厂、制药厂、印染厂等厂房。

(4)《中华人民共和国公路法》和《中华人民共和国铁路法》中规定：

第一，不具有防护、养护公路需要的，在公路两侧的建筑控制区修建的建筑物、构筑物属于违法建筑。建筑控制区的范围由县级以上人民政府根据公路运行安全和节约用地的选择，按照国务院的规定划定。一般来说，控制区都设有标桩、界桩。

第二，在铁路路线和铁路桥梁、涵洞两侧一定距离内，修建的山塘、水库等构筑物，影响铁路路基稳定或者危害铁路桥梁、涵洞安全的属于违法建筑。

第三，在铁路弯道内侧、平交道口和人行过道附近修建的妨碍行车瞭望的建筑物属于违法建筑。

(5) 根据《城市市容和环境卫生管理条例》的规定：

第一，在街道两侧和公共场地搭建建筑物、构筑物或者其他设施的为违法建筑。

因建设等特殊需要，在街道两侧和公共场地临时搭建非永久性建筑物、构筑物或者其他设施的,未征得城市人民政府市容环境卫生行政主管部门同意并按照有关规定办理审批手续的,属于违法搭建建筑物。

第二,不符合城市容貌标准、环境卫生标准的建筑物或者设施。

(6)根据《赣州市城市管理条例》的规定。擅自在屋顶、楼道、架空层、地下室等部位及住宅小区其他共用部位搭建的建筑物、构筑物或者其他设施。

(七)在禁止吸烟的场所吸烟

《中华人民共和国消防法》第 21 条第 1 款规定:"禁止在具有火灾、爆炸危险的场所吸烟、使用明火。因施工等特殊情况需要使用明火作业的,应当按照规定事先办理审批手续,采取相应的消防安全措施;作业人员应当遵守消防安全规定。"为了树立文明行为习惯、建设文明城市,减少吸烟的危害、维护公众健康权益、创造良好的公共环境,本项专门规定不得在禁止吸烟的场所吸烟。

禁止吸烟的场所包括:

第一,在公共场所、工作场所的室内区域以及公共交通工具内禁止吸烟。

第二,幼儿园、中小学校、少年宫、青少年活动中心等以未成年人为主要活动人群的场所;对社会开放的文物保护单位;公共体育馆、运动健身场所和演出场所;妇幼保健、儿童医院。上述公共场所或者工作区域的是在室外区域也不得吸烟。

第三,在上述公共场所或者工作区域的室外区域所划定的吸烟区之外的场所。

第四,在具有火灾、爆炸危险的场所。例如,图书馆、加油站等场所。

第五,其他不得吸烟的场所。例如,人员密集区域或者行人必经的通道等。

(八)占用城镇街道和公共场所停放遗体、搭设灵棚、摆设花圈挽幛,焚烧或者抛撒冥币、纸钱

《殡葬管理条例》第 14 条规定:"办理丧事活动,不得妨害公共秩序、危害公共安全,不得侵害他人的合法权益。"办理丧事活动应当遵守法律法规规定和日常生活准则。将遗体停放在街道或者公共场所的行为,不仅会影响公共交通秩序,也是不尊重逝者的行为。搭设灵棚占用街道或者在公共道路上焚烧、抛撒冥币都会影响社会秩序且不是正确的表达对逝者的怀念方式。

(九)占用公共的新能源汽车充电专用停车位,妨碍他人充电

新能源汽车是近年来新兴的汽车产品。科技的发展必然带来一定的法律问题,本项就新能源汽车专用停车位作了专门规定,禁止占用充电专用停车位,妨碍他人充电。

之所以专门就新能源汽车充电停车位作出规定,是因为如今的停车场通常设有新能源汽车充电停车位,而燃油车的车主为图方便占用该专用车位,导致新能源汽车车主不能及时充电驾驶车辆。若这样的问题持续下去,将会降低消费者购买新能源汽车的意愿,不利于新能源汽车的发展,从而影响环境以及精神文明的建设。

燃油车主应当提升文明意识,不能方便自己而麻烦他人。已充电完毕的新能源车主应当及时驶离停车位,从而为后续需要充电的车主提供方便。

(十)驾驶机动车不在规定地点停放,穿插等候车辆,在禁止鸣喇叭的区域或者路段鸣喇叭,不规范使用灯光,行经人行横道不礼让行人

本项规定与本条例第 14 条共同构成文明出行的规则。根据本

项规定，驾驶机动车应当遵守以下几点要求：

1. 在规定地点停放车辆

在第14条第2项处有关于规范停车的具体解释，在此不予赘述。

2. 不得穿插等候车辆

《中华人民共和国道路交通安全法》第45条第1款规定："机动车遇有前方车辆停车排队等候或者缓慢行驶时，不得借道超车或者占用对面车道，不得穿插等候的车辆。"在日常通行中，遇到道路堵塞、车辆排起长队或者缓慢行驶时，一些机动车驾驶人则因"性急"、没有耐心等原因，在相邻车道间"钻缝隙"，左右穿插等候车辆。这种行为不仅会引起被穿插车辆驾驶人心理不适，而且还有可能造成交通事故而引发更大的纠纷，严重的甚至会扰乱该路段交通秩序，使车辆通行更不畅通。因此，机动车驾驶人需要提升文明出行意识，在排队等候或者缓慢行驶时必须遵守法律规定不穿插等候车辆。

3. 不得在禁止鸣喇叭的区域或者路段鸣喇叭

《中华人民共和国道路交通安全法实施条例》第62条第8项规定，驾驶机动车不得在禁止鸣笛的区域或者路段鸣喇叭。之所以规定在一些区域或者路段规定不得鸣喇叭，都是出于特殊考虑。例如，在学校区域禁止鸣喇叭是为了保证教学环境的安静，在居民区、医院等场所是为了保障居民或者病人的休息等。因此，在禁鸣路段或者区域安静地通行是文明出行的必然要求之一。

在以下情况下可以使用喇叭：第一，在驾驶过程中，出于安全角度确有必要通过使用喇叭对其他车辆和行人进行提示，但应当优先使用灯光示意。第二，在急转弯、上坡路顶部等特殊驾驶路段或者区域，出于安全考虑可以使用喇叭示意。第三，在紧急情况下，除紧急避险外，也可以同时鸣喇叭示意。紧急情况是指如不立即采取必要措施，将会造成重大财产损失或者人员伤亡的情况。

4. 规范使用灯光

不按照规定使用灯光，尤其是在夜间，会对道路交通安全造成很大隐患。例如，夜间滥用远光灯，会严重影响其他驾驶人的视线，尤其是迎面而来的刺眼的远光，使得对面方向的驾驶人几乎什么也看不见。除此之外，不规范使用灯光的情形还包括变道、起步、转向不打转向灯，停车不开警示灯，雨雾天气不开雾灯、示廓灯等行为。

不规范使用灯光容易引发交通事故，远光灯致盲、起步不打转向灯等是城区交通事故的常见诱因。除此之外，还容易引发社会矛盾。例如，相向而行的驾驶人，在遇到对方车辆远光灯时，也会违规使用远光灯表示不满，这显然有引发交通事故的可能或者导致双方矛盾扩大。因此，规范使用远光灯不仅能够避免、减少发生交通事故，也是人们文明出行的体现。根据《中华人民共和国道路交通安全法实施条例》的规定，规范使用灯光应当注意以下情形：

（1）超车时应当提前开启左转向灯，变换使用远、近光灯或者鸣喇叭示意。在没有道路中心线或者同方向只有一条车道时，前方车辆在条件许可情况下应当降速靠右让行，后车在超车后应当在与被超车辆拉开必要距离后驶回原车道。

（2）在没有中心隔离设施或者中心线的道路上，夜间会车应当在距对面来车150米外使用近光灯，与非机动车会车应当使用近光灯。

（3）在夜间没有路灯等照明不良的情况下或者遇有雨雾天气等能见度较低的情况，应当开启前照灯、示廓灯和后位灯，与同方向前车近距离行驶时不得使用远光灯。雾天行驶应当开启雾灯和危险报警闪光灯。

（4）在夜间通过急弯、坡路、拱桥、人行道或者没有交通控制信号灯的路口时，应当交替使用远光灯示意。

5. 行经人行横道礼让行人

本条例第14条第3项已有具体解释，此处不再予以赘述。

（十一）驾驶非机动车、不符合国家标准的电动自行车不按照交通信号通行，违反规定行驶

根据《中华人民共和国道路交通安全法》第119条第4项的规定，非机动车，是指以人力或者畜力驱动，上道路行驶的交通工具，以及虽有动力装置驱动但设计最高时速、空车质量、外形尺寸符合有关国家标准的残疾人机动轮椅车、电动自行车等交通工具。由于法律对非机动车驾驶人资格没有像机动车驾驶人资格一样严格的要求，非机动车驾驶人对于道路通行法律法规以及日常生活通行准则不完全或者不正确的理解，因此非机动车闯红灯、不按照交通信号通行、走机动车道、违法载人或者乱停乱放的现象时常发生，故本项将非机动车出行作为重点治理对象。

根据《中华人民共和国道路交通安全法》和《赣州市城市道路车辆通行管理规定》的相关规定，驾驶非机动车文明出行应当做到以下几点：

第一，电动自行车、残疾人机动轮椅车驾驶人上道路行驶应当年满16周岁。第二，非机动车应当在非机动车道或者二轮车道上行驶，未设非机动车道和二轮车道的，应当从靠车行道的右侧边缘算起1.5米范围内行驶，不得逆向行驶；行驶受阻不能正常通行时，可以借道行驶，并在通过后迅速驶回原车道。第三，在设有交通信号灯控制的交叉路口，在二轮车等候区或者停止线以外等候放行时，如果有非机动车信号灯则按照非机动车信号灯的表示通行；

没有非机动车信号灯则按照机动车信号灯的表示通行，不得闯红灯、随意变道、转向。第四，在没有交通信号灯控制的交叉路口，在进入路口前需要慢行或者停车瞭望，应当让右方道路的来车先行。相对方向行驶的右转弯的车辆应当让左转弯的车辆先行。车辆转弯时，应当提前开启转向灯。夜间行驶时，应当开启前照灯和后位灯。第五，应当与相邻行驶的车辆保持安全距离，在与行人混行的道路上应当注意避让行人。在人行道上的车辆应当就近驶入车行道。第六，电动自行车可以承载一名12周岁以下未成年人，若搭载学龄前儿童则应当使用安全座椅。残疾人机动轮椅车不得载人。第七，驾驶人在行车过程中不得以手持方式使用手机。不得醉酒驾驶。第八，不得在非机动车上加装遮阳遮雨、电瓶、高音喇叭等影响交通安全的装置。第九，非机动车不得在城市快速路上行驶。

关于驾驶不符合国家标准的电动自行车应当遵守下列规定：第一，驾驶人必须年满18周岁。第二，必须悬挂临时通行标志。临时通行标志有效期截至2023年12月31日，有效期届满后，不得再上道路行驶。第三，最多搭载一人且驾驶人和乘车人员应当佩戴安全头盔。第四，不得酒后驾驶，即喝酒之后而不是达到醉酒状态，这比上述电动自行车和残疾人机动轮椅车的要求更加严格。除此之外，驾驶不符合国家标准的电动自行车还应当遵守上述驾驶非机动车的相关规定。

（十二）行人不按照交通信号通行，不走人行横道或者过街设施，跨越隔离设施

行人闯红灯、随意横穿马路、从路口拐角突然冲出等现象并不少见，并且对自身安全以及交通秩序有很大的不良影响，因此本项将行人常见违规通行行为作为重点治理对象。

行人文明出行应当做到以下几点：第一，按照交通信号指示通

行,即使没有车辆通行也不得闯红灯。第二,过马路时走人行横道或者过街设施并且快速通过,不低头玩手机、不实施横穿路中绿化带等乱穿道路行为。第三,不得跨越道路隔离实施,按照路线规定通行。

第二十四条【饲养犬只规范】

在城区饲养犬只的,不得有下列行为:

(一)不对犬只进行兽用狂犬病疫苗的免疫接种,未取得动物狂犬病免疫证明;

(二)随意抛弃犬只或者犬只尸体;

(三)携带犬只出户时不束犬绳(链);

(四)未采取有效措施制止犬吠,影响他人正常生产、生活;

(五)不即时清除犬只在公共场所产生的粪便;

(六)驱使、放任犬只恐吓、伤害他人;

(七)其他法律、法规禁止的行为。

饲养其他宠物,应当遵守相关法律、法规的规定,管理好所养宠物,保持环境卫生,避免干扰他人生活。

【条文释义】

一、本条规定的饲养犬只规范

在城区饲养犬只及其他宠物是群众普遍关心的问题。在这一问题的立法上必须权衡宠物主人、爱狗人士与反对养犬人士的意见,就比较严重的不文明行为进行治理,主要包括未接种狂犬病疫苗、随意抛弃犬只尸体、出户不束犬绳(链)、未有效制止犬吠影响他人、驱使或放任犬只伤害或恐吓他人等。因此,在综合考虑宠物主人、动物保护组织、反对养犬人士等各方利益的基础上,作出了本条关于重点治理的不文明养犬及其他宠物的规定。

适用本条时应当注意其空间效力仅限于城区，即只有在城区范围内饲养犬只需要遵守本条规定，在乡、镇区域内饲养犬只不受本条规定约束。基于城区与乡村规划布局不一致、生活方式有所区别而且将犬只作为宠物饲养的也多集中于城区内以及其他客观原因，有必要对城区内饲养犬只通过法律进行规范。

（一）不对犬只进行兽用狂犬病疫苗的免疫接种，未取得动物狂犬病免疫证明

根据《中华人民共和国动物防疫法》第17条第1款的规定，单位和个人应当履行动物疫病强制免疫义务，对动物实施免疫接种。《江西省动物防疫条例》第16条对此作了更为具体的规定，即"犬类饲养者应当对其饲养的犬只进行兽用狂犬病疫苗的免疫接种，并取得动物狂犬病免疫证明"。

本条之所以要求对犬只进行狂犬病疫苗免疫接种，主要是为了预防、控制、扑灭动物传染病，防控人畜共患传染病，保障公共安全和人体健康，而这也是文明饲养动物的应有之义。《中华人民共和国动物防疫法》将狂犬病归类为二类疫病，即会对人、对动物构成严重危害，可能造成较大经济损失和社会影响。因此，犬只饲养者应当按照规定对犬只进行狂犬病疫苗免疫接种并取得动物狂犬病免征证明。

（二）随意抛弃犬只或者犬只尸体

城市住宅小区、美食街等地方出现的流浪狗一部分来源于被抛弃的犬只，流浪狗属于无主犬而缺乏管理，不仅可能会攻击他人，也可能遭到一些不法分子捕杀。饲养犬只的，不得随意遗弃，如果因为实际情况不便饲养或者不想饲养，可以将犬只送往犬只收留场所或者送他人饲养。犬只因病或者其他原因死亡的，不得擅自掩埋

或者抛弃犬只尸体，应当将犬只尸体送往无害化处理场所，具体处理方式可以询问当地居民委员会、卫生健康委员会等相关部门。

（三）携带犬只出户时不束犬绳（链），不即时清除犬只在公共场所产生的粪便

"遛狗不牵狗绳"是广大市民反映比较突出的不文明养犬问题。一般来说，未受管束的犬只在公共场所自由活动会给他人造成一定不安全感，也存在一定攻击他人的危险性。

《赣州市城市管理条例》第35条第2项规定，加强对犬只的约束，采取束犬绳、戴嘴套等措施，避免犬只伤人。同时借鉴全国各地养犬管理的相关规定，市民在携带犬只出户时应当做到以下几点：第一，将犬只拴上束犬绳后再携带外出，并由完全民事行为能力人（一般指18岁以上正常人）负责牵引。另外，超小型犬、小型犬牵领人手部至项圈处区间长度以不超过2米为宜；中型及以上犬只的束犬绳长度不超过1.5米。第二，为防止犬只乱食物品或者咬伤他人，应当尽量给犬只佩戴嘴套。

携带犬只出户，应当随身携带卫生纸、塑料袋等工具，以便及时清理犬只产生的粪便，防止污染环境，保持公共场所干净卫生。

（四）未采取有效措施制止犬吠，影响他人正常生产、生活

特定情况下，犬吠声也可以成为噪声污染的污染源，这种情形多发生在居民区，犬吠声扰人睡眠。《赣州市城市管理条例》第35条第2项规定，加强对犬只的约束，采取戴嘴套等措施避免犬只夜间扰民。犬只管理者应当及时采取措施制止犬吠，他人也可以要求犬只管理者制止犬吠，管理者不予理会的，可以向居民委员会投诉或者向公安部门举报。

（五）驱使、放任犬只恐吓、伤害他人

文明饲养犬只，不得利用犬只对他人进行恐吓、伤害。驱使、

放任动物恐吓、伤害他人并造成损害的,犬只饲养人应当承担动物侵权责任对他人赔礼道歉或者赔偿等。

二、饲养其他宠物规范

饲养其他宠物的,应当比照饲养犬只进行管理,管理好所养宠物。另外,应当注意保持环境卫生,及时清理宠物粪便,并且避免干扰他人生活。

第二十五条【野生动物保护方面的不文明行为治理】

禁止违法猎捕野生动物和违法出售、购买、利用野生动物及其制品,禁止破坏野生动物栖息地。

全面禁止食用国家重点保护的野生动物,有重要生态、科学、社会价值的陆生野生动物,省重点保护的陆生野生动物以及其他陆生野生动物,包括人工繁育、人工饲养的陆生野生动物。

【条文释义】

野生动物携带的病毒变异后传染给人类将会导致重大疫情的暴发,而许多疫情的暴发多是因为人类侵犯或破坏了野生动物的栖息地,捕猎、交易、运输野生动物,买卖、使用野生动物制品,或者使用野生动物。除此之外,野生动物是大自然的产物,自然界是由许多复杂的生态系统构成的。大规模野生动物毁灭会引起一系列的连锁反应,产生严重后果,最终会殃及人类的生存。保护野生动物、禁止非法捕猎一向是我国鲜明的法律态度。

2020年2月24日第十三届全国人民代表大会常务委员会第十六次会议通过《全国人民代表大会常务委员会关于全面禁止非法野生动物交易、革除滥食野生动物陋习、切实保障人民群众生命健康安全的决定》。2020年3月26日起《江西省禁止非法交易和食用野生动物办法》施行，旨在从源头控制重大公共卫生风险和倡导科学健康文明的生活方式和良好的饮食习惯，提高生物安全治理能力及维护生态安全。2020年7月24日，江西省第十三届人民代表大会常务委员会第二十一次会议通过江西省人民代表大会常务委员会关于修改《江西省实施〈中华人民共和国野生动物保护法〉办法》的决定。据此，为了保护野生动物，拯救珍贵、濒危野生动物，保护生物多样性和生态平衡，维护生物安全和生态安全，防范公共卫生风险，推动生态文明建设，促进人与自然和谐共生。

为了积极响应上述立法，为了保护野生动物，拯救珍贵、濒危野生动物，保护生物多样性和生态平衡，维护生物安全和生态安全，有效防范公共卫生风险，加强生态文明建设，促进人与自然和谐共生，本条援引新修订的《江西省实施〈中华人民共和国野生动物保护法〉办法》，专门对野生动物保护方面不文明行为治理作出规定。

理解和适用本条规定需要注意以下问题。

一、本条是禁止性规范

任何组织和个人都不得违法实施妨碍野生动物保护的行为，并且任何组织和个人都有保护野生动物及其栖息地的义务。

除此之外，对于国家重点保护的野生动物，因科学研究、种群调控、疫源疫病监测或者其他特殊原因需要猎捕国家一级保护野生动物的，应当向国务院野生动物主管部门申请特许猎捕证。获得许可的，应当按照许可证规定的种类、数量、方法、期限等要求采取合理方式进行猎捕。对于国家非重点保护的野生动物，应当依法取得县级以上地方人民政府野生动物主管部门核发的狩猎证，获得许可的，应当按照狩猎证的要求进行捕猎。无论是猎捕国家重点保护的野生动物还是非国家重点保护的野生动物，都不得使用毒药、爆炸物、电击或者电子诱捕装置、地夹、猎枪等工具，也不得采用夜间照明行猎、歼灭性围猎、捣毁巢穴、火攻、烟熏、网捕等方法进行猎捕。

二、违法猎捕野生动物的认定

根据2018年《中华人民共和国野生动物保护法》的规定，受保护的野生动物，是指珍贵、濒危的陆生、水生野生动物和有重要生态、科学、社会价值的陆生野生动物；野生动物及其制品，是指野生动物的整体（含卵、蛋）、部分及其衍生物。

非法猎捕野生动物的构成要件有以下三点：第一，违法性要件。未取得相应行政许可、未按照许可要求猎捕或者采用禁止的方法非法猎捕。第二，客观要件。首先，行为人实施了非法捕猎行为，不要求已经猎捕到或者杀害野生动物，即使没有猎捕到野生动物或者野生动物仍然存活也不影响客观责任的承担。其次，时间与地点的要求。在相关自然保护区域、禁猎（渔）区、禁猎（渔）期内猎捕野生动物的属于非法猎捕。第三，主观要件。承担非法猎捕野生动物的责任不要求行为人具有主观过错，即实行无过错责任。另外，行为人只要能认识到自己是在猎捕动物即可，至于行为人是否认识到该动物在法律上是否属于国家重点保护的野生动物在所不问，因为法律认识错误不影响法律责任的承担。但是，如果行为人没有认识到自己违法的可能性，例如，行政机关违法核发相关许可证且行为人在规定的地点和时期进行猎捕，不应当认定为非法猎捕。

三、违法出售、购买、利用野生动物及其制品的认定

2018年《中华人民共和国野生动物保护法》第27条规定，禁止出售、购买、利用国家重点保护野生动物及其制品；第29条第1

款规定，利用野生动物及其制品应当以人工繁育种群为主，有利于野外种群养护，符合生态文明建设的要求，尊重社会公德，遵守法律法规和国家有关规定。

违法出售、购买、利用野生动物及其制品包括以下构成要件：

第一，违法性要件。2018年《中华人民共和国野生动物保护法》规定，国家实行国家重点保护野生动物及其制品专用标识制度。出售、利用非国家重点保护野生动物的，应当提供狩猎、进出口等合法来源证明。出售人工繁育、非国家重点保护野生动物应当依法附有检疫证明。因此，未取得或者未按照规定使用专用标识、未持有或者未附有人工繁育许可证、专用标识、未持有合法来源证明、未持有或者未附有检疫证明，实施出卖、购买、利用野生动物行为的，都属于违法行为。另外，使用狩猎法规禁止的方法狩猎的也属于违法性要件。

第二，客观要件。行为人实施了出售、购买、利用野生动物的行为。值得注意的是，出售不要求行为人已经将野生动物及其制品已经售出，购买也不要求行为人已经买到（占有），只要有出售、购买的行为即可，而不要求达到既定的结果。另外，2018年《中华人民共和国野生动物保护法》将"出售"与"购买"并列规定，这说明此处的"购买"是指狭义的购买，即不要求是为了出售、利用而购买。

第三，主观要件。实行无过错责任，行为人主观上故意、过失均不影响其责任。就违法性认识而言，行为人对该动物在法律上能否评价为野生动物有认识错误不影响其责任，因为法律认识错误不免责。只要行为人能够认识到自己出售、购买、利用的是动物及其制品即可。但是如果行为人没有违法性认识的可能性，也不能追究其行政责任。例如，行为人获有野生动物保护部门或者其他相关部门出具的对某一动物不属于野生动物保护范围的证明，此时行为人不可能认识到自己的行为违法，故不承担行政责任。

四、禁止生产、经营使用、食用野生动物

2018年《中华人民共和国野生动物保护法》第30条规定："禁止生产、经营使用国家重点保护野生动物及其制品制作的食品，或者使用没有合法来源证明的非国家重点保护野生动物及其制品制作的食品。禁止为食用非法购买国家重点保护的野生动物及其制品。"

除此之外，破坏野生动物栖息地，为出售、购买、利用野生动物及其制品或者禁止使用的猎捕工具发布广告或者提供交易服务的，实施破坏的行为人、广告主、广告经营者、广告发布者、广告代言人、提供交易服务者，都应当承担相应法律责任。

总而言之，保护野生动物是每一位公民的责任，是提升文明素养，推进生态建设，建设和谐、美丽中国的重要组成部分。

第四章　保障与促进

【本章为保障与促进部分，共十二条。主要内容包括文明创建、文明行为宣传、培训教育机制、便利设施保障、专用充电停车位管理、志愿服务保障、见义勇为保障、表彰奖励、优先录用、监督检查、举报机制、文明劝导机制。】

第二十六条【文明创建活动】

各级人民政府及有关部门、精神文明建设工作机构应当开展文明城市、文明村镇、文明单位、文明校园、文明家庭等创建活动，促进全社会文明习惯的养成，提升社会文明程度。

【条文释义】

赣州市作为全国文明城市，每年均常态化开展文明创建活动，积极响应全省和全国文明创建活动。根据2019年《关于开展新一届赣州市文明城市、文明村镇、文明单位、文明家庭和文明校园评选表彰工作的通知》，2020年5月16日至20日赣州市委宣传部文明办公布了赣州市第五届文明城市、第十届文明村镇、第十届文明单位、第三届文明校园和第二届文明家庭候选名单。2021年4月13日，赣州市新一轮文明城市创建现场推进会在大余召开，会议通过实地观摩、经验交流、业务培训等方式，拓宽文明城市创建工作的视野，推进新一轮文明城市创建工作。根据《关于评选第七届江西省文明城市、文明村镇、第十六届江西省文明单位、第二届江西省文明校园的通知》，经过在全市范围内展开复查和推荐活动，2021年8月27日，赣州市文明办公示了第七届江西省文明村镇和第十六届江西省文明单位申报名单。

2021年5月24日，为把握住"十四五"开局之年，做好2021年新一轮全国文明城市创建和精神文明建设工作，赣州市文明委全体（扩大）会议暨深化全国文明城市建设工作总结部署会召开。会议强调了要下足"绣花"功夫，建设更高水平的全国文明城市，要强化核心价值引领，不断提升全社会文明程度，要进一步加强组织领导，广泛凝聚精神文明建设工作合力，大力推进文明培育、文明实践、文明创建活动。

本条为保障实施、促进文明创建活动，对相关部门、工作机构作出了相应要求，理解和适用本条规定需要注意以下几点：

第一，职责主体。积极实施文明创建活动是各级人民政府及有关部门、精神文明建设工作机构职责所在。各级人民政府统筹领导本工作部门在各自职责范围内做好文明创建工作，各级政府及其工作部门具体职责已在本条例第5条有所论述，故在此不予赘述。赣州市精神文明建设指导委员会领导各辖区和县文明委专门负责精神文明建设工作，文明委具体工作职责在本条例第4条已作出具体解释，故在此不予赘述。

第二，文明创建的内容。文明创建活动内容丰富，包括文明城市、文明村镇、文明单位、文明校园、文明家庭等创建活动。文明创建的内容和具体评选工作应当严格依据《全国文明城市测评体系（2021年版）》，符合《2021年赣州市文明城市常态化精细化智能化管理工作方案》的要求，在此基础上视具体情况可以增加丰富文明创建内涵，例如，评选文明个人等内容。

第三,本条立法目的。本条旨在通过规定各级人民政府及其工作部门、精神文明工作机构在文明创建活动中的职责,促进全社会文明习惯的养成,提升社会文明程度。因此,上述各部门应当以此为落脚点,积极履行职责,大力推进赣州市文明建设进程。

第二十七条【文明行为宣传】

报刊、广播、电视、互联网络等媒体应当倡导文明理念,传播文明行为规范,监督不文明行为,营造全社会鼓励和促进文明行为的浓厚氛围。

在主次干道、公园广场、窗口单位、景区景点、公共交通工具、商场超市、学校医院、农贸市场、建筑工地、居民小区、机场车站等人员较集中的区域,应当依法设置、刊播公益广告,宣传文明行为。

【条文释义】

文明行为促进工作的实施需要舆论宣传的引导与配合。根据本条例第3条规定,文明行为促进活动以政府主导与社会共治为原则;第7条第1款、第3款规定,文明行为促进是全社会的共同责任,社会团体、其他组织和个人应当参与文明行为促进活动。本条是对本条例第3条、第7条的具体规定,即报刊、广播、电视、互联网络等媒体应当倡导与传播文明行为,监督不文明行为;主次干道等人员较集中区域应当依法设置、刊播公益广告。通过媒体与人员较为集中区域的宣传,可以营造全社会鼓励和促进文明行为的浓厚氛围。

一、媒体文明行为宣传的责任

文明行为促进工作的实施需要舆论宣传的引导与配合,报刊、广播、电视、互联网等媒体应当积极履行宣传文明行为的责任，具体包括以下责任。

（一）倡导文明理念，传播文明行为规范

媒体是信息传播的主要途径，而不同类型的媒体又有自身独特的传播优势，因此媒体可以根据自身特点采用但不限于以下两种宣传文明行为的方式。

1. 发布公益广告

《公益广告促进和管理暂行办法》第 13 条第 1 款规定："发布公益广告情况纳入文明城市、文明单位、文明网站创建工作测评。"由此可见，发布公益广告是促进文明行为的重要组成部分。同时，该法规定公益广告是指传播社会主义核心价值观，倡导良好道德风尚，促进公民文明素质和社会文明程度的提高，维护国家和社会公共利益的非营利性广告。常见的公益广告内容包括节约水资源、节约粮食、时代楷模事迹、人民英雄事迹、诚实守信、垃圾分类、遵守交规、卫生健康等。公益广告的形式多种多样，包括文字宣传、真人表演、明星宣传、动画表演等。总之，要充分发挥媒体信息传播功能，采取各种各样的形式大力宣传符合文明要求的公益广告内容。

2. 短视频、直播、公众号等网络交互平台的新型宣传方式

网络科技的发展创造了全新的信息传播方式，近年来，短视频、直播、公众号等网络平台使得社会信息传播进入了自媒体时代，人人都可以成为信息传播者。一个短视频可以获赞上万，甚至几百万；一场直播，观众少则几百，多则几万，上百万的也不少见。由此可见，短视频、直播等新型网络交互方式的信息传播能力极强。因此，这类网络服务提供者应当充分发挥自身平台优势，积极响应文明宣传号召。例如，可以在客户端页面设置文明行为宣传专栏，举办专场文明宣传直播等。此外，其他媒体也可以通过发布

短视频、线上直播、开办公众号的方式，并且利用自身原有的信息传播影响能力，扩大自身文明宣传的渠道。

（二）监督不文明行为

各媒体除了应当积极宣传文明行为、传播文明理念，也应当承担起监督不文明行为的责任，从积极宣传与监督正反两个方面发挥作用。监督不文明行为主要有两种方式：第一，媒体自身工作人员通过日常工作发现不文明行为后，在保护当事人隐私的基础上对其不文明行为予以曝光，及时向公安机关等相关部门举报。第二，通过媒体用户举报发现不文明行为。各媒体应当设置相应不文明行为举报平台，给群众监督、举报不文明行为提供便利，并做好保护举报者信息的措施。

二、相关区域的文明宣传工作

根据《公益广告促进和管理暂行办法》第 10 条第 2 款的规定，机场、车站、码头、影剧院、商场等公共场所的广告设施或者其他适当位置，公交车、地铁、长途客车、火车等公共交通工具的广告刊播介质或者其他适当位置，适当地段的建筑工地围挡、景观灯杆等构筑物，均有义务刊播公益广告。上述区域具有显著的特征：人群密集、人流量大，所以这类场所管理者应当充分利用区域自身优势，依法设置、刊播公益广告，宣传文明行为。

但是，此类场所公益广告的设置发布应当整齐、安全，与环境相协调，美化周边环境。根据《中华人民共和国广告法》第 42 条的规定，户外设置广告应当遵守以下禁止性规定：第一，不得利用交通安全设施、交通标志设置广告；第二，不得影响市政公共设施、交通安全设施、交通标志、消防设施、消防安全标志的使用；第三，不得妨碍人民生产生活、损害市容市貌；第四，不得在国家机关、文物保护单位、风景名胜区等的建筑控制地带，或者县级以上地方人民政府禁止设置户外广告的区域设置广告。

第二十八条【文明行为培训】

机关、企业事业单位、社会团体和其他组织应当将文明行为培训纳入入职培训、岗位培训内容。

教育主管部门应当将文明行为规范纳入教育、教学内容，加强师德师风建设，引导学生养成良好行为习惯，提升师生道德素质和文明素养。

【条文释义】

文明，根植于内心的修养，折射着国家和社会的发展程度。从善如登，从恶如崩，提升文明程度从来都不是一件易事。文明靠教化，而教化靠培训和教育。

一、文明行为纳入入职培训、岗位培训

文明行为纳入入职培训、岗位培训中，既能凸显文明行为的重要性，更有利于将文明行为融入职工的日常工作中。

机关、企业事业单位、社会团体和其他组织应当根据自身的特点将文明行为纳入其工作人员的培训中。例如，公安机关对于违反《中华人民共和国治安管理处罚法》的不文明行为，除应当依法进行处罚外，还要根据本条例的相关规定对行为人进行文明行为教育；城市管理主管部门在对乱扔废弃物、违法张贴小广告等不文明行为依法进行处罚时，还应当依照本条例的相关规定对行为人进行文明教育。医疗机构、金融机构、公共服务等面向大众的机构，应当根据其行业特点对其工作人员进行培训，既要做到文明服务又要起到文明示范作用。未成年人保护中心应当联系自身特点，对其工作人员进行专门的关于未成年人身心特点的岗位培训。

二、文明行为纳入教育、教学内容

文明是一种习惯的养成，要从青少年抓起，并通过"小手拉大手"带动整个社会提升文明水平。对于青少年的文明行为教育，除家庭的重要作用外，教育主管部门、学校以及其他教育机构扮演着重要角色，需要教育主管部门、学校以及其他教育机构将文明行为规范纳入教育、教学内容，提升师生道德素质和文明素养。

（一）教育主管部门

教育主管部门应当统筹负责文明行为纳入教育、教学的工作，指导、协调、监督学校以及其他教育机构的文明行为教育工作。

（二）学校以及其他教育机构

学校和其他教育机构在促进学生文明行为习惯培养过程中应当做到以下几点：

第一，将文明行为各项要求写入校纪、校规。学校应当把文明行为规范纳入校纪、校规中，并且鼓励各班级制定班级文明公约。此外，还应当举办相应讲座向学生讲解文明行为规范的具体含义。

第二，在校内开展文明创建活动。学校和其他教育机构可以通过文明行为宣讲比赛、班级板报、知识答题、社会实践等形式积极推动文明行为教育工作。

第三，鼓励和表彰文明行为，培养学生良好行为习惯。对于在文明行为促进活动中表现优秀的师生、班集体进行表彰、奖励，在全校范围内塑造文明行为的氛围。

第四，将文明行为作为教学质量、学业测评标准，体现到各科教育中。

第二十九条【完善公共服务设施】

各级人民政府及有关部门应当完善环境卫生、公共秩序、交通出行、文化体育、无障碍环境等公共服务设施，为单位和个人践行文明行为提供保障。

鼓励机场车站、政务大厅、医疗机构、景区景点、大型商场等公共场所配备爱心座椅、轮椅、母婴室、无障碍卫生间等便民设施。

【条文释义】

文明行为属于精神需求的范畴，便利设施属于物质需求的范畴，二者相辅相成，文明行为要以便利设施为基础。文明行为的促进离不开便利设施的保障，如果设施不完善，则难免会增加乱扔垃圾、交通混乱等各种不文明行为的发生率，同时也会缺少对民众的人性关怀。如果有完善的便民设施，既能够为人们践行文明行为提供便利，又可能促使本欲实施不文明行为的人停止其行为，还能体现对民众的人文关怀。因此，各级人民政府和相关部门应当完善环境卫生、公共秩序、交通出行、文化体育、无障碍环境等公共服务设施，为单位和个人践行文明行为提供保障，机场车站、政务大厅等公共场所按照规定配备相应的便民设施。

一、各级人民政府和有关部门应当完善公共服务设施

公共服务是 21 世纪公共行政和政府改革的核心理念，包括加强城乡公共设施建设，发展教育、科技、文化、卫生、体育等公共事业，为社会公众参与社会经济、政治、文化活动等提供保障。公共服务设施是由公共、服务和设施三个词语或者是公共服务与设施两个词语构成的合成词，是这些词语含义的整合。公共设施是指为市民提供公共服务产品的各种公共性、服务性设施，按照具体的项目特点可分为教育、医疗卫生、文化娱乐、交通、体育、社会福利与保障、行政管理与社区服务、邮政电信和商业金融服务等。公共

服务以合作为基础，强调政府的服务性。因此，各级人民政府及其有关部门有义务完善公共服务设施，为公众参与文明行为促进活动提供物质设施保障。

二、公共场所需要配备的设施

公共场所是指人群经常聚集、供公众使用或服务于人民大众的活动场所，是人们生活中不可或缺的组成部分，是反映一个国家、民族物质条件和精神文明的窗口。一个城市的公共设施，是这个城市的文明程度的标志，也是城市人文关怀的最好体现。而为公共场所配备便民设施，是一个国家的物质条件和人文关怀最直接的体现，是为公众作出文明行为的物质保障。因此，有必要在机场车站、景区景点、大型商场等公共场所中配备爱心座椅、轮椅、母婴室、无障碍卫生间等便民设施，为市民作出文明行为提供物质条件。

第三十条【新能源汽车专用停车位】

城市管理主管部门对本行政区域内公共的新能源汽车充电专用停车位进行统筹管理，具体管理办法由市人民政府制定，并向社会公布。

【条文释义】

赣州市大力践行绿色出行理念，推动新能源汽车在赣州市的发展。但是，在推动新能源汽车发展过程中，不可避免地会遇到一些问题，如今"充电难"已经成为许多新能源汽车车主的麻烦，也在一定程度上削减了其他消费者购买新能源汽车的意愿。日常生活中，燃油车占用新能源充电专用停车位、新能源汽车车主充满电后仍占用停车位、充电桩离居所、办公地点较远等问题较为突出，本条例也专门将占用新能源汽车充电停车位规定为重点治理的不文明行为。

目前，新能源汽车停车位由城市管理部门统筹管理。但是，由于赣州市目前新能源汽车保有量不高，其充电停车位富余，为了缓解燃油车停车难的问题，由城管部门将一定比例的新能源汽车停车位划为充电专用停车位，其他车位则可由新能源汽车与燃油车共用。由于如何管理新能源汽车充电专用停车位立法内容比较多，不宜由本条例作具体规定，故授权市政府制定具体管理办法。

第三十一条【支持和发展志愿服务组织】

市、县（市、区）人民政府及有关部门可以依法通过购买服务、资金援助、装备支持、教育培训等方式，支持和发展各类志愿服务组织，拓展志愿服务领域，加强专业能力建设。

参加志愿服务活动的志愿者，有困难时可以优先获得志愿服务。

【条文释义】

志愿服务几乎是每个文明社会不可或缺的一部分，它是指任何人自愿贡献个人时间和精力，在不为物质报酬的前提下，为推动人类发展、社会进步和社会福利事业而提供服务的活动。这一概念既包括地方和国家范围内的志愿者行为，也包括跨越国境的双边的和国际的志愿者项目。志愿服务为发达国家和发展中国家福利的提高和社会进步作出了重要贡献。它是各国和联合国进行人道主义援助计划、技术合作、改善人权、促进民主与和平的重要组成部分。志愿服务突出地表现在非政府组织、专业协会、工会和其他民间组织的活动中。许多社会运动，比如，在消除文盲、免疫和环境保护等领域，都主要依靠志愿者的帮助。

通过厦门、泉州等地的考察，一些地方志愿服务开展较好的主要原因包括以下几点：一是志愿服务组织力量强大。这些地方志愿服务组织数量多、种类多、分布领域广、服务领域广、服务专业化程度较高、服务意识强。二是政府及其有关部门给予强力支持。政府及其有关部门通过购买服务、资金援助、装备支持、教育培训等方式支持和发展各类志愿服务组织。三是参加志愿服务活动的志愿者能够获得积分（如厦门的白鹭分），参加志愿服务的志愿者有困难时可优先获得志愿服务。而与之相比，许多地方志愿服务组织力量弱，政府及相关部门、有关单位支持不足，缺乏志愿服务兑换对等志愿服务的机制，甚至存在"志愿服务不志愿"的现象。因此，本条对志愿服务的保障作出规定，以促进志愿服务组织的发展，支持各项志愿服务活动。

《志愿服务条例》第27条第2款规定，县级以上人民政府应当按照各自职责，为志愿服务提供指导和帮助。根据《志愿服务条例》《江西省志愿服务条例》以及本条的规定，市、县（市、区）人民政府及有关部门可以通过以下方式支持和发展志愿服务组织：

第一，购买服务。《志愿服务条例》第30条规定："各级人民政府及其有关部门可以依法通过购买服务等方式，支持志愿服务运营管理，并依照国家有关规定向社会公开购买服务的项目目录、服务标准、资金预算等相关情况。"《江西省志愿服务条例》也作出了相同规定。志愿服务组织可以根据公开的项目目录等信息提供服务，既能发挥其志愿作用，也可以获得相应资金用于志愿组织的运行。

第二，资金援助、装备支持。《江西省志愿服务条例》第31条规定，政府财政支持是志愿服务经费来源之一，因此各级政府可以通过给予志愿组织一定资金援助，帮助其提供更完善的志愿服务。另外，在装备支持上，各级政府可以为其开展志愿活动提供相应场所、食宿以及相应的设备等。

第三，教育培训。各级人民政府可以通过本单位工作人员或者聘请其他专业人员对志愿者进行培训，以提高志愿服务水平、拓宽志愿服务领域。

第四，志愿者奖励、帮扶机制。《江西省志愿服务条例》第40条第2款规定，建立健全志愿服务星级评定、时间储蓄和回馈制度，保障有良好志愿服务记录的志愿者在本人积累的志愿服务时长内可以优先获得志愿服务权益。

第三十二条【为见义勇为负伤的人员提供保障】

对因见义勇为负伤的人员，医疗机构及其医务人员应当及时进行救治，不得以任何理由推诿、拒绝或者拖延。鼓励医疗机构减免见义勇为人员救治期间的医疗费用。

见义勇为人员因见义勇为导致诉讼或者仲裁需要法律援助的，法律援助机构应当提供法律援助。

【条文释义】

关于见义勇为的概念及构成要件，在本条例第10条第1项的解释中已经作出具体论述，故在此不予赘述。见义勇为是彰显中国价值的美德善行，是具有文明共识的人类义举。但司法保障力度不足以给见义勇为的行为打气壮胆，社会保障政策的实施未能很好地解决见义勇为人员的生活困难，福利抚恤尚未覆盖所有致伤致残和牺牲人员或其家属的实际需求，"英雄流血又流泪"的情况时有发生。为了解决上述问题，江西省政府早在2009年就出台了《江西省见义勇为人员奖励和保障办法》。本条旨在为因见义勇为负伤的人员提供医疗保障，并为导致诉讼或者仲裁时提供法律援助，防止见义勇为人员的合法权益因见义勇为行为而受到损害。

第一，医疗机构的保障义务。《江西省见义勇为人员奖励和保障办法》第14条规定："对因见义勇为负伤的人员，医疗机构及其医务人员应当及时进行救治，不得以任何理由推诿、拒绝或者拖延。综治办应当及时协调解决见义勇为人员负伤救治期间的医疗费用。鼓励医疗机构减免见义勇为人员救治期间的医疗费用。"根据该规定，对于因见义勇为负伤的人员，医疗机构应当无条件地及时救治，只要行为人是出于见义勇为、保护国家、社会、他人合法权益的目的即可，至于其行为是否完全符合见义勇为的构成要件在所不问，医疗机构也不得以此拒绝救治。另外，综治办应当与医院协调解决相关救治费用，医疗机构可以根据具体情况减免相应费用。

第二，法律援助机构的保障义务。行为人实施见义勇为行为导致他人损害的，可能会引起法律纠纷从而导致诉讼或者仲裁，为保障见义勇为人员的合法权益，《江西省见义勇为人员奖励和保障办法》第21条规定，见义勇为人员因见义勇为导致诉讼或者仲裁需要法律援助的，法律援助机构应当提供法律援助，无须审查其经济状况。根据《法律援助条例》第10条的规定，主张因见义勇为行为产生的民事权益，因经济困难没有委托代理人的，可以向法律援助机构申请法律援助。相比之下，《江西省见义勇为人员奖励和保障办法》免除了经济困难这一申请条件，目的在于鼓励社会公众见义勇为，而不会因经济条件的不同受到法律不同的对待，即无论经济条件好坏，法律援助机构都应当为申请法律援助的见义勇为人员提供援助。

第三十三条【表彰奖励】

市、县（市、区）人民政府及有关部门、精神文明建设工作机构应当按照国家和省有关规定，对文明行为及文明行为促进活动表现突出的单位和个人进行表彰、奖励。

市、县（市、区）人民政府应当建立健全道德模范、身边好人、见义勇为人员等先进模范人物的礼遇及困难帮扶制度，提供相应礼遇，采取措施帮助其维护合法权益，解决实际困难。

鼓励机关、企业事业单位、社会团体和其他组织对其模范遵守文明行为规范的工作人员或者会员进行表彰。

【条文释义】

激励制度，是指管理者通过某种内部和外部的刺激，激发人的动机，使人产生一股内在的动力，从而调动其积极性、主动性和创造性，使其朝着预定目标前进的一种管理活动。而精神激励即内在激励，是指精神方面的无形激励，包括向员工授权、对他们工作绩效的认可；公平、公开的晋升制度；提供学习和进一步提升自己的机会；实行灵活多样的弹性工作时间制度以及制定适合每个人特点的职业生涯发展道路。激励制度无论是在企业人力资源管理的过程中，还是在教育的过程中都发挥着重要的作用，包括在文明行为促进活动之中，激励制度可以引导、激发一个人将内心的想法转化为实际的行动。对文明行为及文明行为促进活动表现突出的单位和个人进行表彰奖励，不仅能够激励其更积极地实施文明行为并且为文明行为促进活动作出贡献，也可以激励其他单位和个人效仿先进人物、争做模范，从而营造全社会参与文明行为促进的良好氛围。

首先，本条例规定，市、县（市、区）人民政府及有关部门、精神文明建设工作机构应当积极开展文明创建活动，因此对于在文明创建活动中表现突出的单位和个人应当及时予以表彰、奖励，在政府网站等信息传播平台予以公开表扬。

其次，对于道德模范、身边好人、见义勇为人员等先进模范，必须落实相应礼遇、困难帮扶制度，依照有关规定为精神文明建设先进典型提供入户、文化、医疗、住房、基金救助等方面的优惠、帮助和服务，切实维护先进模范的合法利益，从而塑造全社会以成为先进模范为光荣的氛围。

最后，机关、企业事业单位等应当在本单位内对在文明行为促进活动中表现突出的人员予以表彰，在本单位内形成文明工作的作风。

第三十四条【先进模范的优先录用】

鼓励单位在招考招聘时，同等条件下优先录用、聘用道德模范、身边好人、见义勇为人员、优秀志愿者、无偿献血奉献奖获得者等先进模范人物。

【条文释义】

时代需要航标，社会需要榜样，思想需要先导。运用榜样的力量，培养人们的价值取向和行为准则，是古今中外的普遍做法，也是我们党的一个好传统。我们党一贯高度重视先进模范人物的选树工作，注意发现先进典型并善于发挥其积极作用，通过树立道德楷模，加强示范引导，让人民群众学有榜样、赶有目标、见贤思齐。先进模范人物是时代的先锋、群众的楷模，是践行社会主义核心价值观的榜样。充分发挥先进典型的示范引领作用，是新时期培育和践行社会主义核心价值观的重要途径。道德模范、身边好人、见义勇为人员、优秀志愿者、无偿献血获得者等先进模范人物往往在道德修养方面较为优秀，单位在同等条件下优先录用、聘用先进模范人物对单位而言节省了道德方面的评价与考察。另外，鼓励单位同等条件下优先录用、聘用先进模范人物，能够激励更多的人成为道德模范、身边好人、见义勇为人员、优秀志愿者、无偿献血奉献奖获得者等先进模范人物。

优先录用、聘用先进模范人物需要满足同等条件的要求，因为其他非先进模范人物本身也积极遵守文明行为规范，只是没有被评为文明先进人物。同等条件，一般是指待录用、聘用人员的工作经验、专业水平、薪资要求、团队工作能力以及社会评价等方面，具体情况应当根据单位招聘岗位所需条件确定。在同等条件下，招考招聘单位可以优先录用先进模范人物。

第三十五条【有关部门对不文明行为的监督检查】

城市管理、公安、生态环境、文广新旅、交通运输、民政、农业农村、卫生健康、市场监督管理、网信等部门，应当加强日常检查，及时发现、制止、查处相关领域的不文明行为。

【条文释义】

在对文明行为进行鼓励、倡导、激励的同时，城市管理、公安机关、生态环境、文广新旅、交通运输、民政、农业农村、卫生健康、市场监督管理、网信等部门还应当对不文明行为进行监督检查，以及时发现、制止、查处不文明行为。对不文明行为的制止虽未必能够使不文明的单位和个人作出文明行为，但至少能够通过制止，减少不文明行为的发生概率，并对其他单位和个人形成教育和警示作用。本条例规定，文明行为促进活动应当遵循政府主导与社会共治原则，本条是对政府主导方面的贯彻。及时发现、制止、查处不文明行为，既能防止不文明行为产生损害后果或者减少损害，又能对行为人起到惩戒作用并对其他单位和个人起到教育警示作用。本条例第三章规定了重点治理的不文明行为，第五章与之相对应，即规定第三章中不文明行为需要承担的法律责任，因此各部门在制止、查处不文明行为中的具体职责，将在本条例第五章予以具体论述，故此处不予展开。

本条例第二章是关于文明行为规范的规定，即为人们践行文明行为提供行动方向，一般来说，人们的行为没有达到第二章规范的要求并不违法，但是如果行为人不仅达不到要求而且还与之相去甚远或者违反了第二章少数禁止性规范，那么其行为可能属于违法行为。例如，本条例第 15 条第 4 项规定，文明上网要做到不传播虚假信息，而行为人没有遵守该规定在网络上传播谣言，可能受到《中华人民共和国治安管理处罚法》的处罚。因此，除第三章重点治理的不文明行为外，各部门还应当具体负责本条例第二章规定的一些行为。

行政执法部门在发现、劝阻、制止、查处不文明行为时，可以按照有关规定向本市公共信用信息平台归集执法信息；完善信息共享、案件移送、证据互认机制，对严重不文明行为开展联合惩戒。

第三十六条【对不文明行为的举报投诉】

有关行政执法部门应当建立不文明行为举报、投诉、查处等工作机制，向社会公布受理举报、投诉的方式和途径。

任何单位和个人有权对文明行为促进工作提出意见、建议，对不文明行为进行劝导，并可以向政务热线或者有关执法部门举报、投诉。

【条文释义】

不文明行为在实际生活中呈现出复杂多样的形态，并且不受时间、地点的约束，因此仅依靠行政执法部门的监督检查不足以制止、查处不文明行为，此时就需要发动群众，依靠群众力量以及时发现不文明行为进而予以惩治。本条是对政府主导与社会共治原则中社会共治方面的贯彻。

发动群众、依靠群众惩治不文明行为，首先要建立完善的举报、投诉机制。因此，有关行政执法部门应当及时向社会公布受理举报、投诉的方式，既可以在政府网站、报刊上公布，也可以在公共场所设置举报信箱或者举报、投诉联络方式牌，总之要最大化地畅通举报、投诉渠道。另外，相关行政部门接到举报、投诉电话不得以不属于自身职责范围而不作为，要么告知举报人、投诉人相关职责部门，要么主动告知其他相关部门。

任何单位和个人都可以向各级人民政府及相关部门、精神文明建设指导工作机构，就文明行为促进工作提出意见和建议，上述部门在接到意见和建议后应当及时研讨并回复相关单位和个人。任何单位和个人都可以对不文明行为进行劝导，对不文明行为采用拍照、录音、录像等形式所做的合法记录，可以提交行政执法部门作为执法的参考。

需要注意的是，本条仅规定单位和个人可以劝导而不是制止甚至查处不文明行为，因此单位或者个人不得以制止不文明行为为理由而侵害他人权益，例如殴打、限制人身自由等。一般来说，不文明行为不会对社会利益造成紧迫的、严重的危害，所以及时向相关部门举报、投诉即可，而不能直接以侵害他人权益的方式制止不文明行为。

第三十七条【招募文明劝导员】

市、县（市、区）精神文明建设指导委员会可以会同有关部门向社会招募文明劝导员，协助做好文明行为宣传、教育和不文明行为劝导等工作。

【条文释义】

文明劝导员是指对不文明的市民进行劝导和教育，引导市民爱护市容市貌、遵守公共秩序，共建美好家园的人。其重点劝导的行为主要包括以下几方面：行人不走人行道、过马路不走斑马线、翻越护栏；自行车、电动自行车、人力车不走非机动车道、路口越线停车；行人、非机动车不遵守交通信号、标志标线指挥；机动车斑马线前不礼让行人等。由于执法人员不足，除发动群众进行劝导、投诉、举报不文明行为外，还应当招募文明劝导员，以协助做好文明行为宣教和劝导不文明行为。相较于普通群众而言，文明劝导员经过培训上岗后，更具有宣教、劝导不文明行为的专业性，同时由于其专司劝导工作，有利于执法部门统一调度与管理。本条是对政府主导与社会共治原则的贯彻。精神文明建设指导委员会会同相关部门向社会招募文明劝导员，一方面可以通过对文明劝导员进行培训以培养其文明行为意识，另一方面还可以壮大文明行为促进工作人员的力量，在更大范围、更多领域中宣传文明行为或者劝导不文明行为，体现了政府主导与社会共治相结合的优势。

第五章　法律责任

【本章为法律责任部分，共七条，分别规定了破坏市容市貌环境卫生与不文明交通、违规吸烟、不文明殡葬、违规养犬、违反野生动物保护法律法规行为的罚责；机关及其工作人员责任；处罚原则。】

第三十八条【破坏城市市容环境卫生、不文明交通行为的罚则】

违反本条例第二十三条第一项至第六项、第十项至第十二项规定的，依照《中华人民共和国道路交通安全法》《中华人民共和国消防法》，国务院《城市市容和环境卫生管理条例》和《赣州市城市管理条例》《赣州市城市道路车辆通行管理规定》等法律、法规的相关规定处罚。

【条文释义】

一、实施本条例第23条第1项至第6项，第10项至第12项行为的具体处罚

（一）随地吐痰、便溺，乱扔果皮、纸屑、烟头等废弃物的处罚

根据《城市市容和环境卫生管理条例》第34条的规定，行为人（行政相对人）随地吐痰、便溺，乱扔果皮、纸屑和烟头等废弃物的，城市人民政府市容环境卫生行政主管部门或者其委托的单位除责令其纠正违法行为、采取补救措施外，可以并处警告、罚款。

《赣州市城市管理条例》第65条对行政机关和具体违法行为作了更详细的规定，违反本条例第26条第1项规定，即随地吐痰、便溺，乱扔果皮、纸屑、烟头、碎玻璃、塑料瓶、易拉罐、包装袋等废弃物的，由城市管理主管部门责令其改正并采取补救措施，可以并处警告或者20元以上100元以下罚款。

根据上述法规规定，行为人随地吐痰、便溺，乱扔果皮等废弃物的，应当承担行政责任：第一，行政机关。一般是城市管理主管部门即城管部门。城管部门也可以根据实际情况委托其他单位代为履行行政职责，受委托的范围仅可以在委托事项范围内代为行使行政权力。第二，处罚措施。责令行为人改正不文明行为，造成损害的，应当责令其采取补救措施，可以同时对行为人处以警告或者罚款。处以罚款的，应当视其行为违法严重程度在20元至100元之间予以处罚，既不能为了方便一概顶格处罚，也要遵守法律适用平等原则，不能相同情节不同处罚。

虽然随地吐痰、便溺，乱扔果皮等废弃物是违法行为，具有一定社会危害性，但是其社会危害程度较低，故不在刑事处罚范围内。但是，乱丢烟头引起火灾，可能构成失火罪。

（二）在城市建筑物、设施以及树木上涂写、刻画或者未经批准张挂、张贴宣传品

《城市市容和环境卫生管理条例》规定，实施本项行为的，城市人民政府市容环境卫生行政主管部门或者其委托的单位除责令其纠正违法行为、采取补救措施外，可以并处警告、罚款。《赣州市城市管理条例》第67条规定，在城市道路上散发广告宣传品，由城市管理主管部门责令改正，可以并处警告、五十元以上二百元以下罚款。擅自在城市道路上悬挂商业广告的或者擅自在楼道、电梯、公交站台、公厕等城市建筑物、构筑物以及杆件、树木上张

贴、刻画、书写小广告的，由城市管理主管部门责令限期清除，可以并处二百元以上一千元以下罚款。

《赣州市城市管理条例》第 67 条处罚的行为有两类：一是在城市道路上散发广告宣传品，二是在城市道路上悬挂商业广告或者在城市建筑物、构筑物等区域涂写、刻画、张贴宣传品。本条例只对后者进行了规定，即在城市道路上散发广告宣传品不属于本项规定范围之内。另外，从法律解释的角度来看，也不能将散发广告宣传品的行为解释为张贴、悬挂、涂写宣传品的行为。当然，本项也未明确规定禁止"在城市道路上擅自悬挂商业广告"，但是悬挂商业广告行为可以为本项规定所包含，即可以解释为张挂宣传品。因此，前者可以直接按照《赣州市城市管理条例》的规定处罚，后者既受到本条例的约束，同时也可以按照《赣州市城市管理条例》处罚。从处罚的轻重程度也可以看出，法律对擅自悬挂商业广告散发广告宣传品和在城市建筑物等区域涂写、刻画、张贴宣传品的行为，比散发广告宣传品的行为处罚更重。

一般来说，在楼道、公交站台等区域张贴宣传品的行为，不具有严重的社会危害性，不属于刑事处罚范围。但是，如果宣传品的内容包含煽动分裂国家、宣扬恐怖主义、极端主义、煽动实施恐怖活动、诈骗、赌博、色情等信息，如果严重危害社会利益，则可能构成煽动分裂国家罪，宣扬恐怖主义、极端主义、煽动实施恐怖活动罪，诈骗罪，赌博罪，组织卖淫罪等罪行。

（三）餐饮服务未采取有效措施净化油烟，超标排放

《中华人民共和国大气污染防治法》规定，排放油烟的餐饮服务业经营者未安装油烟净化设施、不正常使用油烟净化设施或者未采取其他油烟净化措施，超过排放标准排放油烟的，由县级以上地方人民政府确定的监督管理部门责令改正，处五千元以上五万元以

下的罚款；拒不改正的，责令停业整治。《赣州市城市管理条例》第 73 条规定，城区餐饮服务业经营者未使用清洁能源的，由城市管理主管部门责令限期改正，处 3000 元以上 30 000 元以下罚款；未安装油烟净化设施、不正常使用油烟净化设施或者未采取其他油烟净化措施的，由城市管理主管部门责令改正，处 5000 元以上 50 000 元以下罚款。拒不改正的，责令停业整治。理解和适用上述处罚规定，应当注意以下几点：

1. 行政机关

《中华人民共和国大气污染防治法》规定由县级以上地方人民政府确定的监督管理部门负责查处，根据《赣州市城市管理条例》的规定，具体负责的行政机关是城市管理主管部门。

2. 不同行为的责任构成要件不同，处罚不同

上述条例规定了两种不同违法行为，即未使用清洁能源和未按照规定净化油烟，超标排放。不同行为的责任构成要件不尽相同，其处罚也随之相区别。

（四）占用、堵塞、封闭疏散通道、安全出口、消防车通道

《中华人民共和国消防法》第 60 条规定，单位违反本法规定，有下列行为之一的，责令改正，处 5000 元以上 500 000 元以下罚款：占用、堵塞、封闭疏散通道、安全出口或者有其他妨碍安全疏散行为的；占用、堵塞、封闭消防车通道，妨碍消防车通行的；人员密集场所在门窗上设置影响逃生和灭火救援的障碍物的；对火灾隐患经消防救援机构通知后不及时采取措施消除的。个人有上述行为之一的，处警告或者 500 元以下罚款。单位或者个人实施上述行为，经责令改正拒不改正的，强制执行，所需费用由违法行为人承担。

适用该处罚规定需要注意以下几点：

第一，行政机关。本条规定没有说明负责的行政机关，一般来说，由住房和城乡建设主管部门、消防救援机构等相关部门按照其职权进行监督管理。

第二，主体不同，处罚不同。单位或者个人都可能实施本项违法行为。

一般来说，设置在公共场所的疏散通道、安全出口，单位有更大可能也更方便实施阻碍、堵塞等违法行为，故对单位处罚更重。但是，无论是单位还是个人，拒不改正其违法行为的，主管部门可以强制执行，因强制执行产生的费用由违法行为人承担。

通常情况下，本项违法行为社会危害程度较低，不属于刑法打击范围之内。但是，特殊情况下，可能构成故意杀人罪、以危险方法危害公共安全罪、放火罪等罪名。例如，行为人明知该公共场所发生火灾仍然堵塞、阻碍或者封闭安全通道、疏散出口，导致公众不能及时逃生，造成重大人员伤亡事故的，则可能构成犯罪。

（五）从建筑物、构筑物中向外抛掷物品，或者向车外抛撒物品

1. 行政责任

（1）从建筑物、构筑物中向外抛掷物品。从建筑物、构筑物向外抛掷物品，俗称"高空抛物"，其构成要件包括：

首先，行为人实施了高空抛掷物品的行为。此处高空仅指从建筑物、构筑物上抛掷物品，如果是从地面向上抛掷物品的，则不属于高空抛物，致人损害的应当按照一般侵权行为承担侵权责任；如果是从高空利用弹弓等弹射类装置伤害他人人身或者财产的，也不属于高空抛物，但可以根据《中华人民共和国治安管理处罚法》等相关法律、法规予以处罚。其次，建筑物、构筑物高度影响"高空"因素的认定。既不能一概认为只要是建筑物就认定为是高空，也不能因为一楼房顶离地面较近就不认为是高空抛物。再次，对被

第五章　法律责任

抛掷的物品也有一定限制。既不能因为物品重量较轻，不足以致人损害就不认为是高空抛物，也不能不加以区分一概认为只要是物品就是高空抛物的物品。例如，一个塑料袋或者一张白纸等质量很轻、面积较大的物品，就算从高空抛掷也不会造成损害。总之，对于"高空"和"物品"的认定，应当采用综合性和整体性的方式加以认定，即结合建筑物的高度、抛掷垂直距离、抛掷场所和被抛掷物品的质量、形状、硬度、尖锐程度等因素综合认定。最后，承担高空抛物责任，不要求因此致人损害或者造成他人财产损失，即是否有实际损害后果不是认定高空抛物行为的构成要件。

根据《赣州市城市管理条例》第65条第1款的规定，从建筑物、构筑物向外抛撒物品的，由城市管理主管部门责令其改正并采取补救措施，可以并处警告或者二十元以上一百元以下罚款。

（2）向车外抛撒物品。《中华人民共和国道路交通安全法》第89条规定："行人、乘车人、非机动车驾驶人违反道路交通安全法律、法规关于道路通行规定的，处警告或者五元以上五十元以下罚款；非机动车驾驶人拒绝接受罚款处罚的，可以扣留其非机动车。"同法第90条规定，机动车驾驶人违反道路交通安全法律、法规关于道路通行规定的，处警告或者20元以上200元以下罚款。

上述两条规定没有具体说明值得处罚的行为，而是将行为笼统描述为"违反道路交通安全法律、法规关于道路通行规定"。根据《中华人民共和国道路交通安全法》以及其他关于道路交通安全的法律、法规的规定来看，道路交通违法行为多种多样，因此就法律责任的设置不能一一说明，并且许多违法行为具有大致相同的社会危害程度，因此为适应实际情况，所以作出此笼统规定。另外，《中华人民共和国道路交通安全法》第90条规定"本法另有规定的，依照规定处罚。"因此联系其他条文，经过体系解释，此两条

· 149 ·

处罚的行为是指除酒驾、醉驾、无证驾驶等该法予以明确相应处罚之外的行为,故向车外抛撒物品也应当以这两条作为处罚依据。

2. 民事责任

《民法典》第 1254 条规定,从建筑物中抛掷物品造成他人损害的,由侵权人依法承担侵权责任,经调查难以确定具体侵权人的,除能够证明自己不是侵权人的外,由可能加害的建筑物使用人给予补偿。行为人承担高空抛物的民事责任构成要件与行政责任的有所不同,其构成要件包括:行为人实施了高空抛物行为;他人人身或者财产受到损害;高空抛物行为与他人损害具有因果关系。高空抛物的民事责任实行无过错责任,行为人主观故意或者过失与否不影响责任的承担。

3. 刑事责任

我国刑法规定,从建筑物或者其他高空抛掷物品,情节严重的,处一年以下有期徒刑、拘役或者管制,并处或者单处罚金。由于刑法发动的补充性、谦抑性以及刑罚制裁的严厉性,在认定行为人高空抛物是否构成犯罪时,应当严格依据刑法规定的构成要件。能够通过行政处罚解决的,则不需要适用刑法的规定。

(六)违规搭建建筑物、构筑物

由于违法建筑在日常生活中呈现出复杂样态,前文已在本条例第 23 条处作出具体列举,所以结合上述列举的情形,在此处同样列举部分情形的违法建筑的法律责任,具体的违法行为参见第 23 条的解释,此处仅作简单叙述。

1. 《中华人民共和国城乡规划法》的规定

第一,未取得建设工程规划许可证或者未按照该许可建设的,由县级以上地方人民政府城乡规划主管部门责令停止建设;如果可以采取改正措施消除对规划实施的影响的,则限期改正,处建设工程造价百分之五以上百分之十以下的罚款；如果无法采取改正措施消除影响，也限期拆除，不能拆除的，没收实物，可以并处建设工程造价百分之十以下的罚款。

在乡、村庄规划区内未依法取得乡村建设规划许可证或者未按照乡村建设规划许可证的规定进行建设的，由乡、镇人民政府责令停止建设、限期改正；逾期不改正的，可以拆除。

第二，临时建设。未经批准、未按照批准内容进行临时建设的或者临时建设超过批准期限不拆除的，由所在地城市、县人民政府城乡规划主管部门责令限期拆除，可以并处临时建设工程造价一倍以下的罚款。

第三，有上述违法情形，城乡规划主管部门作出责令停止建设或者限期拆除的决定后，当事人不停止建设或者逾期不拆除的，建设工程所在地县级以上地方人民政府可以责成有关部门采取查封施工现场、强制拆除等措施。违法行为构成犯罪的，依法追究刑事责任。

2.《中华人民共和国土地管理法》的规定

第一，在临时使用的土地上修建永久性建筑物。根据《中华人民共和国土地管理法实施条例》第52条的规定，由县级以上人民政府自然资源主管部门责令限期拆除，按占用面积处土地复垦费5倍以上10倍以下的罚款；逾期不拆除的，由作出行政决定的机关依法申请人民法院强制执行。

第二，违法重建、扩建。对土地利用总体规划制定前已经建成但不符合该规划用途的房屋，又进行重建或者扩建的，由县级以上人民政府自然资源主管部门责令限期拆除；逾期不拆除的，由作出行政决定的机关依法申请人民法院强制执行。

第三，擅自改变土地用途。违反土地利用总体规划，擅自将农用地改为建设用地，由县级以上人民政府自然资源主管部门责令限期拆除在非法占用的土地上新建的建筑物和其他设施，恢复土地原状，对符合土地利用总体规划的，没收在非法占用的土地上新建的建筑物和其他设施，可以并处罚款。罚款额为非法占用土地每平方米100元以上1000元以下。对非法占用土地单位的直接负责的主管人员和其他直接责任人员，依法给予处分；构成犯罪的，依法追究刑事责任。

第四，农村村民非法占用土地建住宅。由县级以上人民政府农业农村主管部门责令退还非法占用的土地，限期拆除在非法占用的土地上新建的房屋。

责令限期拆除在非法占用的土地上新建的建筑物和其他设施的，建设单位或者个人必须立即停止施工，自行拆除；对继续施工的，作出处罚决定的机关有权制止。建设单位或者个人对责令限期拆除的行政处罚决定不服的，可以提起行政诉讼；期满不起诉又不自行拆除的，作出处罚决定的机关可以依法申请人民法院强制执行，费用由违法者承担。

3.《中华人民共和国水法》与《赣州市饮用水水源保护条例》的规定

第一，建设妨碍行洪的建筑物、构筑物的，由县级以上水行政主管部门或者流域管理机构依据职权，责令停止违法行为，限期拆除违法建筑物、构筑物，恢复原状；逾期不拆除、不恢复原状的，强行拆除，所需费用由违法单位或者个人负担，并处10 000元以上100 000元以下的罚款。

第二，擅自修建水工程，或者建设桥梁、码头或者其他拦河、跨河、临河建筑物、构筑物的，由县级以上人民政府水行政主管部门或者流域管理机构责令停止违法行为，限期补办有关手续；逾期不补办或者补办未被批准的,责令限期拆除违法建筑物、构筑物;逾期不拆除的,强行拆除,所需费用由违法单位或者个人负担,并处 10 000 元以上 100 000 元以下的罚款。虽经水行政主管部门或者流域管理机构同意,但未按照要求修建前款所列工程设施的,责令限期改正,按照情节轻重,处 10 000 元以上 100 000 元以下的罚款。

第三,关于违反饮用水水源保护规定的违法建筑,由县级以上人民政府生态环境主管部门责令改正,限期采取治理措施,消除污染,处 100 000 元以上 500 000 元以下的罚款;并报经有批准权的人民政府批准,责令拆除或者关闭。

4.《中华人民共和国公路法》的规定

在公路两侧的建筑控制区修建建筑物、构筑物的,由交通主管部门责令限期拆除,并可以处 50 000 元以下的罚款。逾期不拆除的,由交通主管部门拆除,有关费用由建筑者、构筑者承担。县级以上交通主管部门可以决定由公路管理机构依照《中华人民共和国公路法》的规定行使行政处罚权和行政措施。

5.《城市市容和环境卫生管理条例》的规定

第一,擅自在街道两侧和公共场地违法搭建的,由城市人民政府市容环境卫生行政主管部门或者其委托的单位责令其停止违法行为,限期清理、拆除或者采取其他补救措施,可并处以罚款。

第二,不符合城市容貌标准、环境卫生标准的建筑物或者设施,由城市人民政府市容环境卫生行政主管部门会同城市规划行政主管部门,责令有关单位和个人限期改造或者拆除;逾期未改造或者未拆除的,经县级以上人民政府批准,由城市人民政府市容环境卫生行政主管部门或者城市规划行政主管部门组织强制拆除,并可处以罚款。

6.《赣州市城市管理条例》的规定

擅自在屋顶、楼道等部位及住宅小区其他共用部位违法搭建的,由城市管理主管部门责令限期拆除,可以并处建设工程造价一倍以下罚款;逾期不拆除的,县级以上人民政府可以责令有关部门采取查封施工现场、强制拆除等措施。

(七)驾驶机动车不在规定地点停放,穿插等候车辆,在禁止鸣喇叭的区域或者路段鸣喇叭,不规范使用灯光,行经人行横道不礼让行人

1. 驾驶机动车不在规定地点停放

根据《中华人民共和国道路交通安全法》的规定,应当按照以下情形处理:

(1)机动车驾驶人在现场,公安交通部门及其交通警察可以指出违法行为,并予以口头警告,令其立即驶离。

(2)机动车驾驶人不在现场或者虽在现场但拒绝立即驶离。

违法停车妨碍其他车辆、行人通行的,处 20 元以上 200 元以下罚款,并可以将该机动车拖移至不妨碍交通的地点或者公安机关交通管理部门指定的地点停放。根据《赣州市城市道路车辆通行管理规定》第 43 条的规定,摩托车未按照规定停放,处 50 元罚款。

2. 穿插等候车辆,在禁止鸣喇叭的区域或者路段鸣喇叭,不规范使用灯光

《中华人民共和国道路交通安全法》第 90 条规定:"机动车驾驶人违反道路交通安全法律、法规关于道路通行规定的,处警告或者二十元以上二百元以下罚款。本法另有规定的,依照规定处罚。"如上所述,该条对违法行为的描述属于笼统规定,而穿插等候车辆、违法鸣喇叭、不规范使用灯光的行为不属于"本法另有规定"的情形,所以适用本条的处罚规定。

第五章　法律责任

3. 行经人行横道不礼让行人

《赣州市城市道路车辆通行管理规定》第 41 条规定，行经人行横道，未减速行驶或者停车让行的，由公安机关交通管理部门处 150 元罚款。

（八）驾驶非机动车、不符合国家标准的电动自行车不按照交通信号通行，违反规定行驶

《赣州市城市道路车辆通行管理规定》第 37 条规定，电动自行车、残疾人机动轮椅车的驾驶人违法驾驶，由公安机关交通管理部门责令改正，并按照以下规定处罚：未按照指定车道行驶或者逆向行驶的，处 50 元罚款；在受阻路段借道行驶后不迅速驶回原车道的，处 30 元罚款；未在指定区域等候放行的，处 30 元罚款；未按照交通信号灯表示通行的，处 30 元罚款。

该条仅对电动车和残疾人机动轮椅车的驾驶人的违法处罚作了规定，没有明确规定不符合国家标准的电动自行车的驾驶人是否适用本规定。根据《赣州市城市道路车辆通行管理规定》第 22 条的规定，不符合国家标准的电动自行车上道路行驶时，应当遵守本规定第 21 条第 2 项至第 7 项、第 9 项、第 11 项的规定，即关于电动自行车与残疾人机动轮椅车的规定。另外，根据当然解释的方法，不符合国家标准的电动自行车上道路行驶比符合标准的电动自行车社会危害性更大，所以能适用后者的处罚，当然也能适用比其危害更严重的前者。因此，违法驾驶不符合国家安全标准的电动自行车的，适用《赣州市城市道路车辆通行管理规定》第 40 条的处罚规定。

《赣州市城市道路车辆通行管理规定》第 46 条规定，电动自行车、残疾人机动轮椅车、不符合国家标准的电动自行车驾驶人拒绝接受罚款处罚的，公安机关交通管理部门可以依法扣留车辆至指定场所。扣留车辆的，应当当场出具扣车凭证，并告知当事人携带有

关证明材料在规定期限内到公安机关交通管理部门接受处理。当事人依法接受处理后,公安机关交通管理部门应当及时退还车辆;逾期不来接受处理,经公告3个月仍不来接受处理的,公安机关交通管理部门对扣留车辆依法处理。

(九)行人不按照交通信号通行,不走人行横道或者过街设施,跨越隔离设施

《中华人民共和国道路交通安全法》第89条规定,行人违反道路交通安全法律、法规关于道路通行规定的,处警告或者5元以上50元以下罚款。如上所述,本条对于违法行为的描述为笼统描述,由于不按照交通信号通行、不走人行横道、过街设施、跨越隔离设施的行为不属于"本法另有规定的情形",所以适用本条处罚的规定。

第三十九条【对违法吸烟的处罚】

违反本条例第二十三条第七项规定,在有火灾、爆炸危险的场所吸烟的,依照《中华人民共和国消防法》《江西省消防条例》的相关规定处罚。

【条文释义】

对在有火灾、爆炸危险的场所吸烟的行为,《中华人民共和国消防法》《江西省消防条例》已规定了处罚,本条使用转致。《江西省消防条例》第85条规定,在具有火灾、爆炸危险的场所吸烟的,处警告或者500元以下罚款。《中华人民共和国消防法》第63条作了相同规定,违反本法规定,有下列行为之一的,处警告或者500元以下罚款;情节严重的,处5日以下拘留:(1)违反消防安全规定进入生产、储存易燃易爆危险品场所的;(2)违反规定使用明火作业或者在具有火灾、爆炸危险的场所吸烟、使用明火的。根

据上述规定，违法吸烟的行政责任的构成要件包括：

第一，客观要件。首先，场所必须是具有火灾、爆炸危险的区域。在上述区域外吸烟的，例如，公园、公共厕所等不具有火灾、爆炸危险的区域，一般不作行政处罚，由相关部门予以制止。其次，行为人必须有吸烟的行为，如果只是携带、夹在耳朵上或者打算吸烟被他人提示制止的，不能给予行政处罚。再次，吸烟不仅包括传统的、需要引燃的卷烟，还包括电子烟。最后，是否造成危害结果不影响责任的构成，只要有吸烟行为就应当承担行政责任。如果造成他人人身财产损失，情节严重但尚未达到犯罪程度的，处5日以下拘留。

第二，主观要件。主观上不要求具有过错，实行无过错责任。行为人是否知道该场所为具有火灾、爆炸危险的场所不影响责任的构成。

如果因为行为人吸烟导致火灾或者爆炸事故发生，具有严重的社会危害性的，则可能构成放火罪、爆炸罪；过失致人重伤、死亡或者使公私财产遭受重大损失的，则可能构成失火罪、过失爆炸罪。

第四十条【对不文明殡葬行为的处罚】

违反本条例第二十三条第八项规定的，依照国务院《殡葬管理条例》的相关规定处罚。

【条文释义】

根据《殡葬管理条例》第21条的规定，办理丧事活动妨害公共秩序、危害公共安全、侵害他人合法权益的，由民政部门予以制止；构成违反治安管理行为的，由公安机关依法给予治安管理处罚；构成犯罪的，依法追究刑事责任。本条例第23条第8项规定，占用城镇街道和公共场所停放遗体、搭设灵棚、摆设花圈挽幛，焚烧或者抛撒冥币、纸钱，妨害公共秩序、危害公共安全、侵害他人合法权益的，由民政部门予以制止。

由于殡葬行为不是单一的行为，而是许多丧事行为的总和，所以某一殡葬行为构成违反治安管理行为的，由公安机关依法给予治安管理处罚。例如，违法占用公共场所摆设灵棚、花圈等，扰乱公共场所秩序的，依照《中华人民共和国治安管理处罚法》第 23 条的规定，处警告或者 200 元以下罚款；情节较重的，处 5 日以上 10 日以下拘留，可以并处 500 元以下罚款。

《殡葬管理条例》第 21 条同时规定，构成犯罪的，依法追究刑事责任。一般来说，殡葬行为不会直接违反刑法的规定，但是因殡葬行为与他人产生纠纷在解决过程中可能会存在刑法上的危害行为，例如伤害、聚众斗殴等，也有可能因殡葬行为严重扰乱社会秩序，或者危害公共安全，例如占用街道而破坏交通设施等，构成犯罪。

第四十一条【对违规养犬的处罚】

违反本条例第二十四条规定的，依照《中华人民共和国水污染防治法》《中华人民共和国动物防疫法》《中华人民共和国治安管理处罚法》《赣州市城市管理条例》等法律、法规的相关规定处罚。

【条文释义】

（一）不对犬只进行兽用狂犬病疫苗的免疫接种，未取得动物狂犬病免疫证明

《中华人民共和国动物防疫法》第 92 条规定，对饲养的犬只未按照规定定期进行狂犬病免疫接种的，由县级以上地方人民政府农业农村主管部门责令限期改正，可以处一千元以下罚款；逾期不改

第五章　法律责任

正的，处一千元以上五千元以下罚款，由县级以上地方人民政府农业农村主管部门委托动物诊疗机构等代为处理，所需费用由违法行为人承担。

《赣州市城市管理条例》第71条第1款：未对所养犬只进行接种的，由公安机关予以批评教育，责令限期改正。

上述规定都对饲养犬只却不进行疫苗接种明确了处罚措施，但是处罚结果却不相同。比较《中华人民共和国动物防疫法》和《赣州市城市管理条例》各自的立法目的以及条文所在章节，可以看出，二者的区别主要在于饲养犬只的规模和目的不同。

《中华人民共和国动物防疫法》第3条第1款规定："本法所称动物，是指家畜家禽和人工饲养、捕获的其他动物。"第7条的用语是"从事动物饲养、屠宰、经营、隔离、运输以及动物产品生产、经营、加工、贮藏等活动的单位和个人"；第92条规定的处罚的行为除了不按照规定接种狂犬病疫苗，还有不按照动物疫病强制免疫计划接种、对饲养的种用、乳用动物未开展疫病检测等行为。由此可以看出，《中华人民共和国动物防疫法》中的"饲养犬只"应当是指成规模地、作为一种职业的饲养行为，即该法中的饲养是指以圈养等方式成规模地喂养，以作为自己的主要职业或者副业进而成为经济来源，强调规模性、职业性、是生活收入来源（在本条例第12条第6项处有具体解释）。

《赣州市城市管理条例》第1条规定的立法目的是规范城市管理，提高城市公共服务水平，优化城市环境；第35条除了规定养犬要接种狂犬病疫苗，还并列规定了禁止携带犬只乘坐公共交通工具、按照要求使用束犬绳、嘴套、不得在人员密集场所遛狗等行为；作出行政处罚的机关是公安机关，而《中华人民共和国动物防疫法》中由农业农村部履行职责。由此可以看出，《赣州市城市管理条例》中的"养犬",是指将犬只作为宠物、作为生活辅助工具（如导盲犬）,"饲养"不具有规模性、职业性和作为收入来源的特点。

作出上述区别后,再联系本条例的规定,可以看出本条例中的"饲养犬只"与《赣州市城市管理条例》的内涵相同,属于相同概念。因此,在城区饲养犬只没有为其接种狂犬病疫苗的,适用《赣州市城市管理条例》第71条第1款的处罚规定。

（二）随意抛弃犬只尸体

《赣州市城市管理条例》第78条第1款规定,在河道、渠道、湖泊管理范围内丢弃动物尸体的,由城市管理主管部门给予警告,责令其停止违法行为,排除妨碍或者采取其他补救措施,可以处500元以上10 000元以下罚款。适用本条处罚规定时应当注意:不是所有丢弃行为都要承担行政责任,只有在河道、渠道、湖泊管理范围内有上述行为的才应当承担责任。

如果随意丢弃犬只尸体,造成环境污染的,也应当承担相应责任。《赣州市饮用水水源保护条例》规定,在一级、二级饮用水水源保护区内丢弃、掩埋动物尸体的,对单位处10 000元以上50 000元以下罚款,对个人处1000元以下罚款;情节严重的,对单位处50 000元以上100 000元以下罚款,对个人处1000元以上5000元以下罚款。

（三）携带犬只出户时不束犬绳（链）,未采取有效措施制止犬吠,影响他人正常生产、生活

《赣州市城市管理条例》第71条第3款规定,采取束犬链、戴嘴罩等措施,由公安机关或者城市管理主管部门予以制止和批评教育,公安机关可以处20元以上100元以下罚款。日常生活中,遛狗不拴绳虽然是违法行为,但是尚不属于严重违法,因此城市管理

部门不能直接扣留犬只或者将其送入动物管理场所，只能对犬只主人进行制止、批评教育或者罚款。

该条第 2 款规定，未采取带嘴罩等措施，避免犬只夜间扰民的，由公安机关处警告；警告后不改正的，处 200 元以上 500 元以下罚款。

《中华人民共和国治安管理处罚法》第 75 条第 1 款规定，饲养动物，干扰他人正常生活的，处警告；警告后不改正的，处 200 元以上 500 元以下罚款。

（四）驱使、放任犬只恐吓、伤害他人

《中华人民共和国治安管理处罚法》第 75 条规定，放任动物恐吓他人的，处 200 元以上 500 元以下罚款。驱使动物伤害他人的，处 5 日以上 10 日以下拘留，并处 200 元以上 500 元以下罚款；情节较轻的，处 5 日以下拘留或者 500 元以下罚款。

（五）饲养其他宠物

根据《民法典》第 286 条的规定，业主违反规定饲养动物、不处理动物的粪便污染环境或者未避免宠物产生噪声的，干扰他人生活，应当承担停止侵害、排除妨碍、赔偿损失等民事责任。

第四十二条【违反野生动物保护法律法规行为的处罚】

违反本条例第二十五条规定的，依照《中华人民共和国野生动物保护法》《江西省实施〈中华人民共和国野生动物保护法〉办法》等法律、法规的相关规定处罚。

【条文释义】

关于违反野生动物保护法律法规而承担的行政责任的构成要件已在本条例第 25 条作出论述，故在此不予赘述，仅阐述违法行为人应承担何种行政责任。

（一）违法猎捕野生动物，破坏野生动物栖息地

1. 违法猎捕国家重点保护的野生动物

2018 年《中华人民共和国野生动物保护法》规定，在相关自然保护区域、禁猎（渔）区、禁猎（渔）期猎捕国家重点保护野生动物，未取得特许猎捕证、未按照特许猎捕证规定猎捕、杀害国家重点保护野生动物，或者使用禁用的工具、方法猎捕国家重点保护野生动物的，由县级以上人民政府野生动物保护主管部门、海洋执法部门或者有关保护区域管理机构按照职责分工没收猎获物、猎捕工具和违法所得，吊销特许猎捕证，并处猎获物价值二倍以上十倍以下的罚款；没有猎获物的，并处 10 000 元以上 50 000 元以下的罚款。上述禁用的工具和方法在对本条例第 25 条的解释中有具体论述。

2. 违法猎捕非国家重点保护的野生动物

2018 年《中华人民共和国野生动物保护法》规定，在相关自然保护区域、禁猎（渔）区、禁猎（渔）期猎捕非国家重点保护野生动物，未取得狩猎证、未按照狩猎证规定猎捕非国家重点保护野生动物，或者使用禁用的工具、方法猎捕非国家重点保护野生动物的，由县级以上地方人民政府野生动物保护主管部门或者有关保护区域管理机构按照职责分工没收猎获物、猎捕工具和违法所得，吊销狩猎证，并处猎获物价值一倍以上五倍以下的罚款；没有猎获物的，并处 2000 元以上 10 000 元以下的罚款。未取得持枪证持枪猎捕野生动物，构成违反治安管理行为的，由公安机关依法给予治安管理处罚，构成犯罪的，依法追究刑事责任。

该条中非法持枪狩猎可能还会同时违反《中华人民共和国治安管理处罚法》《中华人民共和国刑法》的规定。首先，《中华人民共和国治安管理处罚法》第 32 条规定，非法携带枪支的，处五日

以下拘留，可以并处五百元以下罚款，情节较轻的，处警告或者二百元以下罚款。本条将违法行为界定为"携带枪支"而没有说使用枪支，但是非法狩猎必然携带枪支且使用枪支对公安安全的危险性更大，根据当然解释，使用枪支狩猎也可以适用本条的处罚规定。其次，《中华人民共和国刑法》第128条第1款规定："违反枪支管理规定，非法持有、私藏枪支、弹药的，处三年以下有期徒刑、拘役或者管制；情节严重的，处三年以上七年以下有期徒刑。"非法持枪狩猎可能构成非法持有枪支罪。本罪属于行为犯，只要行为人故意违反枪支管理规定，实施非法持有枪支、弹药的行为就构成本罪既遂。但是，需要注意本罪与上述治安管理处罚的界限——情节显著轻微，危害不大。如果狩猎者未及时按照规定领取配备猎枪许可证，经指明又补领了许可证，则属于情节轻微、危害不大的情形，给予治安管理处罚即可。

3. 违法猎捕省重点保护的或者"三有"价值的野生动物

《江西省实施〈中华人民共和国野生动物保护法〉办法》规定，在相关自然保护区域、禁猎（渔）区、禁猎（渔）期猎捕省重点保护野生动物和有重要生态、科学、社会价值的陆生野生动物，未取得狩猎证或者猎捕证，未按狩猎证或者猎捕证的规定猎捕省重点保护野生动物和有重要生态、科学、社会价值的陆生野生动物，或者使用禁用的工具、方法猎捕省重点保护野生动物和有重要生态、科学、社会价值的陆生野生动物的，由县级以上人民政府野生动物保护主管部门或者有关保护区管理机构按照职责分工没收猎获物、猎捕工具和违法所得，吊销狩猎证或者猎捕证，并按下列规定处以罚款：第一，属于省重点保护野生动物的，并处猎获物价值二倍以上五倍以下罚款；没有猎获物的，处2000元以上10 000元以下罚款；第二，属于有重要生态、科学、社会价值的陆生野生动物的，并处猎获物价值一倍以上三倍以下罚款；没有猎获物的，处2000元以上5000元以下罚款。

实施上述违法行为，具有严重社会危害程度的，则需要承担刑事责任。《中华人民共和国刑法》第341条规定，非法猎捕、杀害国家重点保护的珍贵、濒危野生动物的，处五年以下有期徒刑或者拘役，并处罚金；情节严重的，处5年以上10年以下有期徒刑，并处罚金；情节特别严重的，处10年以上有期徒刑，并处罚金或者没收财产。违反狩猎法规，在禁猎区、禁猎期或者使用禁用的工具、方法进行狩猎，破坏野生动物资源，情节严重的，处3年以下有期徒刑、拘役、管制或者罚金。因此，违法猎捕可能构成危害珍贵、濒危野生动物罪、非法狩猎罪。

（二）违法出售、购买、利用野生动物及其制品

1. 国家重点保护野生动物及其制品

2018年《中华人民共和国野生动物保护法》规定，未经批准、未取得或者未按照规定使用专用标识，或者未持有、未附有人工繁育许可证、批准文件的副本或者专用标识出售、购买、利用国家重点保护野生动物及其制品或者人工繁育技术成熟稳定的野生动物及其制品的，由县级以上人民政府野生动物保护主管部门或者市场监督管理部门按照职责分工没收野生动物及其制品和违法所得，并处野生动物及其制品价值二倍以上十倍以下的罚款；情节严重的，吊销人工繁育许可证、撤销批准文件、收回专用标识。

2. 非国家重点保护野生动物

未持有合法来源证明出售、利用非国家重点保护野生动物的，由县级以上地方人民政府野生动物保护主管部门或者市场监督管理部门按照职责分工没收野生动物，并处野生动物价值一倍以上五倍以下的罚款。另外，根据《中华人民共和国动物防疫法》第100条

的规定，出售有关野生动物及其制品未持有或者未附有检疫证明的，由县级以上地方人民政府农业农村主管部门责令改正，处同类检疫合格动物、动物产品货值金额一倍以下罚款。

3. 省重点保护的或者"三有"价值的野生动物

《江西省实施〈中华人民共和国野生动物保护法〉办法》规定，未经批准、未取得或者未按照规定使用专用标识，或者未持有、未附有相应的狩猎证、猎捕证、人工繁育许可证、批准文件或者进出口等合法来源证明或者专用标识非法出售、购买、利用省重点保护野生动物及其制品或者有重要生态、科学、社会价值的陆生野生动物及其制品和人工繁育技术成熟稳定野生动物及其制品的，由县级以上人民政府野生动物保护主管部门或者市场监督管理部门按照职责分工没收野生动物及其制品和违法所得，并处以罚款；情节严重的，吊销人工繁育许可证、撤销批准文件、收回专用标识。具体罚款数额：第一，属于省重点保护野生动物的，处以野生动物及其制品价值二倍以上五倍以下罚款；第二，属于有重要生态、科学、社会价值的陆生野生动物的，处以野生动物及其制品价值一倍以上三倍以下罚款。

4. 名为收容实为买卖的违法行为

《中华人民共和国野生动物保护法》规定，以收容救护为名买卖野生动物及其制品的，由县级以上人民政府野生动物保护主管部门没收野生动物及其制品、违法所得，并处野生动物及其制品价值二倍以上十倍以下的罚款，将有关违法信息记入社会诚信档案，向社会公布。

违法出售、购买、利用野生动物及其制品，具有严重社会危害程度的，应当承担刑事责任。《中华人民共和国刑法》第341条规定，非法收购、运输、出售国家重点保护的珍贵、濒危野生动物及其制品的，处五年以下有期徒刑或者拘役，并处罚金；情节严重的，处 5 年以上 10 年以下有期徒刑，并处罚金；情节特别严重的，处 10 年以上有期徒刑，并处罚金或者没收财产。

(三) 违反禁止食用野生动物的规定

2018 年《中华人民共和国野生动物保护法》规定，生产、经营使用国家重点保护野生动物及其制品或者没有合法来源证明的非国家重点保护野生动物及其制品制作食品，或者为食用非法购买国家重点保护的野生动物及其制品的，由县级以上人民政府野生动物保护主管部门或者市场监督管理部门按照职责分工责令停止违法行为，没收野生动物及其制品和违法所得，并处野生动物及其制品价值二倍以上十倍以下的罚款。

《江西省实施〈中华人民共和国野生动物保护法〉办法》第 55 条对禁止食用野生动物作出了更细致的规定：

有下列违法行为，由县级以上人民政府野生动物保护主管部门、市场监督管理及其他有关部门，依照职责分工，按下列规定予以处罚：

第一，食用国家重点保护的野生动物的，没收野生动物，并处野生动物价值二倍以上二十倍以下的罚款；食用有重要生态、科学、社会价值的陆生野生动物，省重点保护的陆生野生动物或者其他陆生野生动物的，没收野生动物，并处野生动物价值一倍以上五倍以下的罚款。

第二，生产、经营使用禁止食用的野生动物及其制品制作的食品的，没收野生动物及其制品和违法所得，并处野生动物及其制品价值二倍以上二十倍以下的罚款；对违法经营场所和违法经营者，依法予以取缔或者查封、关闭。

第三，以食用为目的猎捕在野外自然环境生长繁殖的国家重点保护的陆生野生动物的，没收猎获物、猎捕工具和违法所得，吊销特许猎捕证，并处猎获物价值二倍以上二十倍以下的罚款；没有猎获物的，并处 10 000 元以上 50 000 元以下的罚款。以食用为目的猎捕在野外自然环境生长繁殖的有重要生态、科学、社会价值的陆生野生动物，省重点保护的陆生野生动物或者其他陆生野生动物的，没收猎获物、猎捕工具和违法所得，吊销狩猎证，并处猎获物价值一倍以上五倍以下的罚款；没有猎获物的，并处 2000 元以上 10 000 元以下的罚款。

第四，以食用为目的交易在野外自然环境生长繁殖的国家重点保护的陆生野生动物的，没收野生动物和违法所得，并处野生动物价值二倍以上二十倍以下的罚款。以食用为目的交易在野外自然环境生长繁殖的有重要生态、科学、社会价值的陆生野生动物，省重点保护的陆生野生动物或者其他陆生野生动物的，没收野生动物，并处野生动物价值一倍以上五倍以下的罚款。

实施上述违法行为，严重危害社会利益的，则可能构成犯罪。《中华人民共和国刑法》第 341 条规定，违反野生动物保护管理法规，以食用为目的非法猎捕、收购、出售除国家重点保护的珍贵、濒危野生动物外的在野外环境自然生长繁殖的陆生野生动物，情节严重的，处三年以下有期徒刑、拘役、管制或者罚金。

(四) 违法发布广告、提供交易服务

2018 年《中华人民共和国野生动物保护法》规定，为出售、购买、利用野生动物及其制品或者禁止使用的猎捕工具发布广告的，依照《中华人民共和国广告法》的规定处罚。《中华人民共和国广告法》第 57 条规定，利用广告推销禁止生产、销售的产品或者提供的服务，或者禁止发布广告的商品或者服务的，由市场监督管理部门责令停止发布广告，对广告主处 20 万元以上 100 万元以下的罚款，情节严重的，并可以吊销营业执照，由广告审查机关撤销广告审查批准文件、一年内不受理其广告审查申请；对广告经营者、广告发布者，由市场监督管理部门没收广告费用，处20万元以上100万元以下的罚款，情节严重的，并可以吊销营业执照。

2018年《中华人民共和国野生动物保护法》第51条规定，为违法出售、购买、利用野生动物及其制品或者禁止使用的猎捕工具提供交易服务的，由县级以上人民政府市场监督管理部门责令停止违法行为，限期改正，没收违法所得，并处违法所得二倍以上五倍以下的罚款；没有违法所得的，处10 000元以上50 000元以下的罚款；构成犯罪的，依法追究刑事责任。

第四十三条　【机关及其工作人员责任的规定】

违反本条例规定，机关及其工作人员在文明行为促进活动中玩忽职守、滥用职权、徇私舞弊的，由其上级主管部门、监察机关或者所在单位责令改正；情节严重的，对直接负责的主管人员和其他直接责任人员依法给予处分。

【条文释义】

一、机关及其工作人员在文明行为促进活动中违法行为的表现

本条所指机关及其工作人员是指，赣州市各级人民代表大会以及县级以上人大常委会、各级人民政府及其各部门、检察院、法院、各级监察委员会及其工作人员。本条例第3条规定，政府主导与社会共治是文明行为促进活动的原则之一。机关及其工作人员在文明行为促进活动中扮演着十分重要的角色，对提升全市文明素养有着关键性的作用，所以本条通过对机关及其工作人员违法行为作出处罚规定，督促其积极履行职责，推动文明建设进程。机关及其工作人员在文明行为促进活动中违法行为主要表现如下：

市、县（市、区）精神文明建设指导委员会及其工作人员，在统筹推进本行政区域内的文明行为促进工作中玩忽职守、滥用职权，未能及时解决文明行为促进工作中的重大问题；精神文明建设工作机构及其工作人员，在其负责的行政区域内未能积极开展文明行为促进的指导协调、督促检查、评估考核等工作，未能定期组织开展公共文明指数测评，不及时向社会公布。

市、县（市、区）人民政府未依照规定将文明行为促进工作纳入国民经济和社会发展规划，将所需经费列入本级财政预算的；未积极履行职责完善环境卫生、公共秩序、交通出行、文化体育、无障碍环境等公共服务设施的；在以购买服务、资金援助、装备支持、教育培训等方式，支持和发展各类志愿服务组织过程中滥用职权、徇私舞弊的；市、县（市、区）人民政府及有关部门、精神文明建设工作机构，在表彰、奖励文明行为及文明行为促进活动表现突出的单位和个人过程中，滥用职权、徇私舞弊未按照国家和省相关规定表彰、奖励，不应当表彰的而予以表彰，应当奖励的而没有予以奖励；未能建立健全道德模范、身边好人、见义勇为人员等先进模范人物的礼遇及困难帮扶制度，导致其合法权益未能得到维护，实际困难未能得到解决的；乡（镇）人民政府、街道办事处未将文明行为促进工作纳入工作日程，未能积极推进其行政区域（辖区）内的文明行为促进工作的；各级人民政府及有关部门、精神文明建设工作机构在开展文明城市、文明村镇、文明单位、文明校园、文明家庭等创建活动过程中，滥用职权、玩忽职守、徇私舞弊，未按照规定评选，导致文明创建活动未能发挥文明促进作用的；没有将文明行为培训纳入入职培训、岗位培训内容的。

城市管理、公安、生态环境、文广新旅、交通运输、民政、农业农村、卫生健康、市场监督管理、网信等部门，在日常检查工作中不积极履行职责，未能及时发现、制止、查处相关领域的不文明行为。

城市管理主管部门在统筹管理本行政区域内公共的新能源汽车充电专用停车位过程中未依法履行职责的；教育主管部门未能将文明行为规范纳入教育、教学内容的；法律援助机构对于因见义勇为导致诉讼或者仲裁的见义勇为人员，应当提供法律援助而没有提供的；有关行政执法部门未能建立不文明行为举报、投诉、查处等工作机制，导致社会公众举报、投诉的渠道不畅通的。

二、机关及其工作人员的法律责任

机关及其工作人员有上述违法行为，情节尚不严重的，由其上级主管部门、监察机关或者所在单位责令改正；情节严重的，对直接负责的主管人员和其他直接责任人员依法给予处分。一般来说，机关的工作人员有违法行为的，由其所在单位责令改正；监察机关也可以给予政务处分。机关有违法行为的，由其上级机关、监察机关责令改正；情节严重的，应当对直接负责该事项的领导、具体实施的其他工作人员给予警告、记过、记大过、降级、撤职、开除处分。

第四十四条【行政处罚的特殊规定】

违反本条例规定的其他不文明行为，法律、法规已有处罚规定的，适用其规定。

【条文释义】

本章的处罚规定主要适用于本条例第三章即重点治理的不文明行为，但是，第二章也规定了人们应当遵守的文明行为规范，违反这些规范，其他法律、法规已有处罚规定的，则可能承担相应行政责任。例如，本条例第 13 条第 7 项规定，"远离色情、赌博、毒品，自觉抵制不良行为"，如果行为人违反规定参与了色情活动，则依照《中华人民共和国治安管理处罚法》予以处罚，卖淫、嫖娼的，处 10 日以上 15 日以下拘留，可以并处 5000 元以下罚款；情节较轻的，处 5 日以下拘留或者 500 元以下罚款。在公共场所拉客招嫖的，处 5 日以下拘留或者 500 元以下罚款。再如，本条例第 20 条第 1 项规定"遵守医疗机构正常秩序"，如果行为人扰乱医疗单位秩序，致使医疗工作不能正常进行，尚未造成严重损失的，则处警告或者 200 元以下罚款；情节较重的，处 5 日以上 10 日以下拘留，可以并处 500 元以下罚款。不文明经营的，可以根据《中华人民共和国反不正当竞争法》《中华人民共和国消费者权益保护法》进行处罚；不文明出行的，可以根据《中华人民共和国道路交通安全法》《赣州市城市道路车辆通行管理规定》等法律、法规处罚；不文明上网的，可以根据《中华人民共和国治安管理处罚法》《中华人民共和国网络安全法》等法律、法规予以处罚。由于类似的不文明行为在实际生活中纷繁复杂，相应的处罚规定不可能由一部法律予以完全规定，故本条专门规定其他不文明行为，在已有相应法律、法规处罚的情况下，适用其规定。

第六章 附 则

第四十五条【生效日期】

本条例自 2020 年 12 月 1 日起施行。

【条文释义】

法律通过后，必然面对从什么时候开始生效、在什么地域范围内生效、对什么人生效的问题，它关系到公民、法人和社会组织从何时起开始依法享有权利，并履行法律规定的义务，这就是法律的效力范围，它包括时间效力、空间效力和对人的效力三方面。本条关于法律的生效日期的规定，是解决法律的时间效力问题。

法律的生效日期，是指法律开始实施并发生法律效力的日期。这是任何一部法律不可或缺的基本要素，一般都是在法律的最后一条加以规定。法律施行起始日期，一般根据该部法律在施行前是否需要作必要的准备工作确定，取决于这部法律对生效日期是如何进行规定的。从我国已制定的法律来看，对生效日期的规定，大体可以分为以下三种情况：其一，直接在法律中规定"本法××年×月×日起施行"。其二，在法律条文中没有直接规定具体的生效日期，而只是规定"本法自公布之日起施行"。其三，规定一部法律的生效日期取决于另一部法律的生效日期。赣州市文明行为促进条例的生效日期，是属于上述的第一种情况，即直接规定了"本条例自

2020年12月1日起施行"。

  明确法律的生效时间,其功能在于落实"法不溯及既往"的法治原则,维护法律制度或法律关系的安定性。"法不溯及既往",这是法治国家的基本原则。根据这一原则,法律的规定只适用于法律生效之后实施的行为,原则上不能追溯至法律生效之前的行为。换言之,在法律尚未生效之前的行为,不应在法律规制范围之内,否则,将意味着国家对行为人行为的评价缺少明确的标准,行为人对实施行为亦无法提供稳定的预期,整个法律秩序将处于不稳定的状态。不过,"法不溯及既往"原则并非法律适用的"铁律",仍存在一定的例外情况。由于我国尚未制定统一的行政程序法,有关"法不溯及既往"原则的例外情形,主要在2015年《中华人民共和国立法法》第93条:"法律、行政法规、地方性法规、自治条例和单行条例、规章不溯及既往,但为了更好地保护公民、法人和其他组织的权利和利益而作的特别规定除外。"因此,如果法律对更好地保护公民、法人和其他组织的权利和权益作出了特别规定的,可以排除"法不溯及既往"原则的适用。

赣州市文明行为促进条例

(2020年8月28日赣州市第五届人民代表大会常务委员会第三十一次会议通过

2020年9月29日江西省第十三届人民代表大会常务委员会第二十三次会议批准)

目 录

第一章 总 则
第二章 文明行为规范
第三章 治理与禁止
第四章 保障与促进
第五章 法律责任
第六章 附 则

第一章 总　则

第一条　为了引导、规范与促进文明行为，培育和践行社会主义核心价值观，提升公民文明素养，促进社会文明进步，根据有关法律、法规的规定，结合本市实际，制定本条例。

第二条　本市行政区域内的文明行为促进活动，适用本条例。

本条例所称文明行为，是指遵守宪法和法律、法规的规定，体现社会主义核心价值观，符合新时代道德建设要求，传承红色基因，弘扬优秀客家文化，维护公序良俗，引领社会风尚，推动社会文明进步的行为。

第三条　文明行为促进活动应当遵循法治与德治相结合、倡导与治理相结合、政府主导与社会共治相结合、奖励与惩戒相结合的原则。

第四条　市、县（市、区）精神文明建设指导委员会应当统筹推进本行政区域内的文明行为促进工作，研究解决文明行为促进工作中的重大问题。

市、县（市、区）精神文明建设工作机构具体负责本行政区域内文明行为促进的指导协调、督促检查、评估考核等工作，定期组织开展公共文明指数测评，并向社会公布。

第五条　市、县（市、区）人民政府应当将文明行为促进工作纳入国民经济和社会发展规划，所需经费列入本级财政预算，制定相关政策措施，推动文明行为促进工作与经济社会协调发展。

市、县（市、区）人民政府工作部门应当在各自职责范围内做好文明行为促进工作。

乡（镇）人民政府、街道办事处应当将文明行为促进工作纳入工作日程，做好本行政区域（辖区）内的文明行为促进工作。

工会、共青团、妇联等有关人民团体和群众团体应当根据各自章程规定，发挥自身优势，组织开展具有群体特色的文明行为促进活动。

第六条 村（居）民委员会应当加强对文明行为的宣传与引导，协助做好文明行为促进工作。

第七条 文明行为促进是全社会的共同责任。

机关应当在文明行为促进活动中发挥示范作用。

企业事业单位、社会团体、其他组织和个人应当参与文明行为促进活动。

公职人员、人大代表、政协委员、教育工作者、先进模范人物、社会公众人物、文明劝导员等应当在文明行为促进活动中发挥表率作用。

第二章 文明行为规范

第八条 公民应当爱党爱国爱社会主义，遵守法律、法规和规章制度，遵守社会公德、职业道德、家庭美德，提升个人品德，维护公序良俗。

第九条 政务服务窗口单位、医疗机构、金融机构、景区管理机构、公共服务企业等应当发挥文明服务示范作用，合理设置服务网点和服务窗口，优化办事流程，推行网上预约、网上办理，提供便捷高效、文明礼貌的服务。

第十条 鼓励下列文明行为：

（一）见义勇为，参加抢险救灾救人，依法制止违法犯罪行为；

（二）无偿献血，无偿捐献人体细胞、人体组织、人体器官、遗体；

（三）参加教育、医疗、文化、生态环保、社会治理、赛会服务、救援等志愿服务活动；

（四）参加扶贫、济困、赈灾、救孤、助老、助残、助学、医疗救助等慈善公益活动；

（五）关爱外来务工人员；

（六）为环卫、园林等路面作业人员提供必要帮助；

（七）为需要急救的人员拨打急救电话，并提供必要帮助，或者运用急救技能实施紧急现场救护；

（八）拾金不昧；

（九）其他体现社会主义核心价值观、弘扬社会正气的文明行为。

第十一条 维护公共场所秩序，遵守下列规范：

（一）注重礼仪，衣着得体；

（二）文明用语，不说粗话脏话，不大声喧哗；

（三）等候服务依次排队，保持适当间距，有序礼让；

（四）乘坐电梯先出后进，上下楼梯靠右行走；

（五）观看文艺演出、体育比赛，参加游园、集会等活动服从现场管理；

（六）遇到突发事件时，服从现场指挥，配合应急处置，不聚集、不围观；

（七）不私自拉接电线、电缆为车辆充电；

（八）不擅自占用公共场地堆放物料；

（九）其他维护公共场所秩序的行为规范。

第十二条 维护公共环境，遵守下列规范：

（一）参加爱国卫生运动，维护干净、整洁的人居环境；

（二）在公共场所咳嗽、打喷嚏时遮掩口鼻，患有感冒、呼吸系统疾病时主动佩戴口罩；

（三）患有可能传染的疾病时，配合相关检验、隔离治疗等措施，如实提供有关情况；

（四）在进行文化、娱乐、健身、广告宣传等活动时，采取有效措施，避免影响周边居民正常生活；

（五）不违反规定燃放烟花爆竹；

（六）不违反规定露天焚烧秸秆、垃圾等产生大气污染的物质；

（七）不违反规定在城区饲养家禽、家畜；

（八）不在城镇公共区域种植蔬菜、晾晒物品；

（九）分类投放垃圾，不随意丢弃倾倒垃圾、泼洒排放污水；

（十）文明如厕，保持公共厕所卫生；

（十一）其他维护公共环境的行为规范。

第十三条 践行文明健康生活方式，遵守下列规范：

（一）节约资源，使用环保产品；

（二）绿色出行，优先选择公共交通工具；

（三）节约粮食，杜绝餐饮浪费；

（四）文明用餐，使用公筷公勺，不酗酒；

（五）喜事简办，反对高价彩礼，不攀比铺张；

（六）节俭办丧，节地安葬，文明祭祀；

（七）远离色情、赌博、毒品，自觉抵制不良行为；

（八）其他践行文明健康生活的行为规范。

第十四条 文明出行，遵守下列规范：

（一）遵守交规，安全驾驶，按照规定戴安全头盔、使用安全带；

（二）停放车辆规范有序，服从管理；

（三）礼让行人，遇执行紧急任务的警车、消防车、救护车、工程救险车等车辆时主动让行；

（四）行人通过路口、横过道路时，走人行横道或者过街设施，不在车行道内停留、嬉闹；

（五）乘坐公共交通工具时，主动为老弱病残孕等需要帮助的乘客让座；

（六）爱护共享车辆，文明用车，不损坏、不丢弃；

（七）其他文明出行的行为规范。

第十五条 文明上网，遵守下列规范：

（一）遵纪守法，保护他人隐私和其他合法权益；

（二）传播先进文化，拒绝有害身心健康的网络作品和产品；

（三）尊重自主创新，保护知识产权；

（四）不传播虚假信息或者其他未经证实的信息；

（五）不浏览包含低俗、迷信、淫秽、暴力等内容的信息；

（六）抵制邪教和恐怖主义、极端主义、民族仇恨、民族歧视、封建迷信思想；

（七）其他文明上网的行为规范。

第十六条 文明经营，遵守下列规范：

（一）依法经营、诚实守信、公平竞争；

（二）提供商品或者服务时，明码标价；

（三）依法依规开展广告宣传，不欺骗、误导消费者；

（四）依法保护顾客信息、商业秘密；

（五）经营活动不妨碍公共秩序、占用盲道，主动履行包卫生、包绿化、包秩序的门前三包义务；

（六）其他文明经营的行为规范。

第十七条 文明旅游，遵守下列规范：

（一）保护文物、名胜古迹和其他重要历史文化与自然遗产；

（二）尊重当地风俗习惯、文化传统和宗教信仰；

（三）服从景区景点管理；

（四）爱护花草树木和旅游设施，维护景区环境；

（五）其他文明旅游的行为规范。

第十八条 树立文明乡风，遵守下列规范：

（一）遵守村规民约，推动移风易俗，破除陈规陋习；

（二）保持房前屋后整洁卫生，不随意堆放土石、柴草等物品；

（三）保持家禽、家畜圈舍卫生，不影响周边生活环境；

（四）不在公路上晒粮、堆放物料影响通行；

（五）及时回收农用薄膜、农药包装物等废弃物，防止农业面源污染；

（六）其他乡村文明的行为规范。

第十九条 树立优良家风，遵守下列规范：

（一）家庭成员互相尊重，互相扶持；

（二）夫妻和睦，互敬互爱，勤俭持家；

（三）尊敬长辈，赡养、关心老人；

（四）关爱未成年人健康成长，教育其养成文明行为习惯；

（五）邻里之间互敬互助、和谐相处；

（六）其他家庭文明的行为规范。

第二十条 文明就医，遵守下列规范：

（一）遵守医疗机构正常秩序；

（二）尊重医务人员，按照规定配合诊疗活动；

（三）通过合法途径解决医疗纠纷；

（四）其他文明就医的行为规范。

第二十一条 弘扬苏区精神、长征精神，传承红色基因，牢记革命历史，倡导下列行为：

（一）参加红色教育、红色研学和红色旅游，讲好红色故事，传唱红色歌曲；

（二）尊崇、铭记英雄烈士，宣传、弘扬其事迹和精神；

（三）爱护红色文物，抵制、劝导、举报污损破坏红色文物的行为；

（四）向相关部门提供、捐献红色文史资料或者红色文物；

（五）其他传承、传播红色文化的行为。

第二十二条 传承、弘扬优秀客家文化，倡导下列行为：

（一）发扬客家人爱国爱乡、吃苦耐劳、开拓进取、崇先报本、崇文重教、忠厚传家、和衷共济等优良传统；

（二）保护和传承客家方言、客家民间艺术以及优秀的客家民俗文化；

（三）保护、传承和合理利用客家传统技艺；

（四）捐献客家文物，或者将客家文物交付相关部门使用；

（五）其他传承、弘扬优秀客家文化的行为。

第三章 治理与禁止

第二十三条 重点治理下列不文明行为：

（一）随地吐痰、便溺、乱扔果皮、纸屑、烟头等废弃物；

（二）在城市建筑物、设施以及树木上涂写、刻画或者未经批准张挂、张贴宣传品；

（三）餐饮服务未采取有效措施净化油烟，超标排放；

（四）占用、阻塞、封闭疏散通道、安全出口、消防车通道；

（五）从建筑物、构筑物中向外抛掷物品，或者向车外抛撒物品；

（六）违规搭建建筑物、构筑物；

（七）在禁止吸烟的场所吸烟；

（八）占用城镇街道和公共场所停放遗体、搭设灵棚、摆设花圈挽幛、焚烧或者抛撒冥币、纸钱；

（九）占用公共的新能源汽车充电专用停车位，妨碍他人充电；

（十）驾驶机动车不在规定地点停放，穿插等候车辆，在禁止鸣喇叭的区域或者路段鸣喇叭，不规范使用灯光，行经人行横道不礼让行人；

（十一）驾驶非机动车、不符合国家标准的电动自行车不按照交通信号通行，违反规定行驶；

（十二）行人不按照交通信号通行，不走人行横道或者过街设施，跨越隔离设施。

第二十四条　在城区饲养犬只的，不得有下列行为：

（一）不对犬只进行兽用狂犬病疫苗的免疫接种，未取得动物狂犬病免疫证明；

（二）随意抛弃犬只或者犬只尸体；

（三）携带犬只出户时不束犬绳（链）；

（四）未采取有效措施制止犬吠，影响他人正常生产、生活；

（五）不即时清除犬只在公共场所产生的粪便；

（六）驱使、放任犬只恐吓、伤害他人；

（七）其他法律、法规禁止的行为。

饲养其他宠物，应当遵守相关法律、法规的规定，管理好所养宠物，保持环境卫生，避免干扰他人生活。

第二十五条　禁止违法猎捕野生动物和违法出售、购买、利用野生动物及其制品，禁止破坏野生动物栖息地。

全面禁止食用国家重点保护的野生动物，有重要生态、科学、社会价值的陆生野生动物，省重点保护的陆生野生动物以及其他陆生野生动物，包括人工繁育、人工饲养的陆生野生动物。

第四章　保障与促进

第二十六条　各级人民政府及有关部门、精神文明建设工作机构应当开展文明城市、文明村镇、文明单位、文明校园、文明家庭等创建活动，促进全社会文明习惯的养成，提升社会文明程度。

第二十七条　报刊、广播、电视、互联网络等媒体应当倡导文明理念，传播文明行为规范，监督不文明行为，营造全社会鼓励和促进文明行为的浓厚氛围。

在主次干道、公园广场、窗口单位、景区景点、公共交通工具、商场超市、学校医院、农贸市场、建筑工地、居民小区、机场车站等人员较集中的区域，应当依法设置、刊播公益广告，宣传文明行为。

第二十八条　机关、企业事业单位、社会团体和其他组织应当将文明行为培训纳入入职培训、岗位培训内容。

教育主管部门应当将文明行为规范纳入教育、教学内容，加强师德师风建设，引导学生养成良好行为习惯，提升师生道德素质和文明素养。

第二十九条　各级人民政府及有关部门应当完善环境卫生、公共秩序、交通出行、文化体育、无障碍环境等公共服务设施，为单位和个人践行文明行为提供保障。

鼓励机场车站、政务大厅、医疗机构、景区景点、大型商场等公共场所配备爱心座椅、轮椅、母婴室、无障碍卫生间等便民设施。

第三十条　城市管理主管部门对本行政区域内公共的新能源汽车充电专用停车位进行统筹管理，具体管理办法由市人民政府制定，并向社会公布。

第三十一条　市、县（市、区）人民政府及有关部门可以依法通过购买服务、资金援助、装备支持、教育培训等方式，支持和发展各类志愿服务组织，拓展志愿服务领域，加强专业能力建设。

参加志愿服务活动的志愿者，有困难时可以优先获得志愿服务。

第三十二条 对因见义勇为负伤的人员，医疗机构及其医务人员应当及时进行救治，不得以任何理由推诿、拒绝或者拖延。鼓励医疗机构减免见义勇为人员救治期间的医疗费用。

见义勇为人员因见义勇为导致诉讼或者仲裁需要法律援助的，法律援助机构应当提供法律援助。

第三十三条 市、县（市、区）人民政府及有关部门、精神文明建设工作机构应当按照国家和省有关规定，对文明行为及文明行为促进活动表现突出的单位和个人进行表彰、奖励。

市、县（市、区）人民政府应当建立健全道德模范、身边好人、见义勇为人员等先进模范人物的礼遇及困难帮扶制度，提供相应礼遇，采取措施帮助其维护合法权益，解决实际困难。

鼓励机关、企业事业单位、社会团体和其他组织对其模范遵守文明行为规范的工作人员或者会员进行表彰。

第三十四条 鼓励单位在招考招聘时，同等条件下优先录用、聘用道德模范、身边好人、见义勇为人员、优秀志愿者、无偿献血奉献奖获得者等先进模范人物。

第三十五条 城市管理、公安、生态环境、文广新旅、交通运输、民政、农业农村、卫生健康、市场监督管理、网信等部门，应当加强日常检查，及时发现、制止、查处相关领域的不文明行为。

第三十六条 有关行政执法部门应当建立不文明行为举报、投诉、查处等工作机制，向社会公布受理举报、投诉的方式和途径。

任何单位和个人有权对文明行为促进工作提出意见、建议，对不文明行为进行劝导，并可以向政务热线或者有关执法部门举报、投诉。

第三十七条 市、县（市、区）精神文明建设指导委员会可以会同有关部门向社会招募文明劝导员，协助做好文明行为宣传、教育和不文明行为劝导等工作。

第五章 法律责任

第三十八条 违反本条例第二十三条第一项至第六项、第十项至第十二项规定的，依照《中华人民共和国道路交通安全法》《中华人民共和国消防法》，国务院《城市市容和环境卫生管理条例》和《赣州市城市管理条例》《赣州市城市道路车辆通行管理规定》等法律、法规的相关规定处罚。

第三十九条 违反本条例第二十三条第七项规定，在有火灾、爆炸危险的场所吸烟的，依照《中华人民共和国消防法》《江西省消防条例》的相关规定处罚。

第四十条 违反本条例第二十三条第八项规定的，依照国务院《殡葬管理条例》的相关规定处罚。

第四十一条 违反本条例第二十四条规定的，依照《中华人民共和国水污染防治法》《中华人民共和国动物防疫法》《中华人民共和国治安管理处罚法》《赣州市城市管理条例》等法律、法规的相关规定处罚。

第四十二条 违反本条例第二十五条规定的，依照《中华人民共和国野生动物保护法》《江西省实施〈中华人民共和国野生动物保护法〉办法》等法律、法规的相关规定处罚。

第四十三条 违反本条例规定，机关及其工作人员在文明行为促进活动中玩忽职守、滥用职权、徇私舞弊的，由其上级主管部门、监察机关或者所在单位责令改正；情节严重的，对直接负责的主管人员和其他直接责任人员依法给予处分。

第四十四条 违反本条例规定的其他不文明行为，法律、法规已有处罚规定的，适用其规定。

第六章 附 则

第四十五条 本条例自 2020 年 12 月 1 日起施行。

附 录

附录一　中共中央办公厅、国务院办公厅《关于进一步把社会主义核心价值观融入法治建设的指导意见》

为深入贯彻习近平总书记系列重要讲话精神，大力培育和践行社会主义核心价值观，运用法律法规和公共政策向社会传导正确价值取向，把社会主义核心价值观融入法治建设，现提出如下意见。

一、重要意义和总体要求

社会主义核心价值观是社会主义法治建设的灵魂。把社会主义核心价值观融入法治建设，是坚持依法治国和以德治国相结合的必然要求，是加强社会主义核心价值观建设的重要途径。党的十八大以来，在以习近平同志为核心的党中央坚强领导下，各地区各部门积极运用法治思维和法治方式，推动以富强、民主、文明、和谐、自由、平等、公正、法治、爱国、敬业、诚信、友善为主要内容的社会主义核心价值观建设，各方面工作呈现向上向好的发展态势。同时也要看到，与推进国家治理体系和治理能力现代化建设的要求相比，把社会主义核心价值观融入法治建设还存在不小差距。有的法规和政策价值导向不鲜明，针对性、可操作性不强，保障不够有力；一些地方和部门在执法司法过程中存在与社会主义核心价值观要求不符的现象；部分社会成员尊法学法守法用法意识不强，全民法治观念需要进一步提高，等等。要从巩固全体人民团结奋斗的共同思想道德基础的战略高度，充分认识把社会主义核心价值观融入法治建设的重要性紧迫性，切实发挥法治的规范和保障作用，推动社会主义核心价值观内化于心、外化于行。

进一步把社会主义核心价值观融入法治建设，必须全面贯彻党的十八大和十八届三中、四中、五中、六中全会精神，深入贯彻习近平总书记系列重要讲话精神和治国理政新理念新思想新战略，全面落实依法治国基本方略，坚持依法治国和以德治国相结合，把社会主义核心价值观融入法治国家、法治政府、法治社会建设全过程，融入科学立法、严格执法、公正司法、全民守法各环节，以法治体现道德理念、强化法律对道德建设的促进作用，推动社会主义核心价值观更加深入人心，为实现"两个一百年"奋斗目标、实现中华民族伟大复兴的中国梦提供强大价值引导力、文化凝聚力和精神推动力。

二、推动社会主义核心价值观入法入规

法律法规体现鲜明价值导向，社会主义法律法规直接影响人们对社会主义核心价值观的认知认同和自觉践行。要坚持以社会主义核心价值观为引领，恪守以民为本、立法为民理念，把社会主义核心价值观的要求体现到宪法法律、法规规章和公共政策之中，转化为具有刚性约束力的法律规定。

加强重点领域立法。深入分析社会主义核心价值观建设的立法需求，把法律的规范性和引领性结合起来，坚持立改废释并举，积极推进相关领域立法，使法律法规更好体现国家的价值目标、社会

的价值取向、公民的价值准则。加快完善体现权利公平、机会公平、规则公平的法律制度，依法保障公民权利，维护公平正义。不断完善社会主义市场经济法律制度，加快形成保护产权、维护契约、统一市场、平等交换、公平竞争、有效监管的体制机制，促进社会诚信建设。推进民法典编纂工作，健全民事基本法律制度，强化全社会的契约精神。加强保障和改善民生、推进社会治理体系创新方面的立法，完善教育、劳动就业、收入分配、社会保障、医疗卫生、扶贫济困、社会救助、婚姻家庭和妇女儿童、老年人、残疾人合法权益保护等方面的法律法规。注重把一些基本道德规范转化为法律规范，把实践中行之有效的政策制度及时上升为法律法规，推动文明行为、社会诚信、见义勇为、尊崇英雄、志愿服务、勤劳节俭、孝亲敬老等方面的立法工作。推动设区的市提高立法精细化水平，促进社会文明建设。加强互联网领域立法，完善网络信息服务、网络安全保护、网络社会管理等方面的法律法规。不断完善有效约束开发行为和推动绿色低碳循环发展的生态文明法律制度，推动人与自然和谐发展。加强规范性文件备案审查制度和能力建设，建立健全法律法规定期清理机制，对与社会主义核心价值观要求不相适应的，依照法定程序及时进行修改和废止。

强化公共政策的价值目标。制定经济社会政策和重大改革措施，出台与人们生产生活和现实利益密切相关的具体政策措施，要充分体现公平正义和社会责任，注重政策目标和价值导向有机统一，注重经济效益和社会效益有机统一，形成有利于培育和弘扬社会主义核心价值观的良好政策导向和利益引导机制。完善政策评估和纠偏机制，防止具体政策措施与社会主义核心价值观相背离，实现公共政策和道德建设良性互动。

加强党内法规制度建设。以党章为根本遵循，完善党内法规，健全制度保障，构建起配套完备的党内法规制度体系，推动党员干部带头践行社会主义核心价值观。把从严治党实践成果转化为道德规范和纪律要求，做到依规治党和以德治党相统一，充分展现共产党人高尚思想道德情操和价值追求。

三、强化社会治理的价值导向

推动社会主义核心价值观建设既要靠良法，又要靠善治。社会治理要承担起倡导社会主义核心价值观的责任，注重在日常管理中体现鲜明价值导向，使符合社会主义核心价值观的行为得到倡导和鼓励，违背社会主义核心价值观的行为受到制约和惩处。

严格规范公正文明执法。强化严格依法履行职责观念、法律面前人人平等观念、尊重和保障人权观念，深入推进依法行政，加快建设法治政府，推进平安中国建设。着眼维护健康市场秩序和公平市场环境，严厉打击破坏社会主义市场经济秩序的犯罪行为。着眼保护人民群众合法权益，健全利益表达、利益协调、利益保护机制，加大食品药品、安全生产、环境保护、劳动保障、医疗卫生、商贸服务等关系群众切身利益的重点领域执法力度。加强文化市场综合执法，深入开展"扫黄打非"，依法查处有害文化信息、不良文化产品和服务，维护国家文化安全和意识形态安全。依法加强网络空间治理，严惩网上造谣欺诈、攻击谩骂、传播淫秽色情等行为，净化网络环境。贯彻总体国家安全观，切实维护国家政治安全和政权安全。依法严惩暴力恐怖、民族分裂等危害国家安全和社会稳定的犯罪行为，依法妥善处置涉及民族、宗教等因素的社会问题，维护祖国统一、民族团结、社会和谐。完善执法程序，改进执法方式，尊重自然人和法人的合法权益，准确把握适用裁量标准，实现执法要求与执法形式相统一、执法效果与社会效果相统一。行政执法和刑事司法要善于把握引导社会心态和群众情绪，综合运用法律、经济、行政等手段和教育、调解、疏导等办法，融法、理、情于一体，引导和支持人们合理合法表达利益诉求，妥善化解各类社会矛盾。

推进多层次多领域依法治理。深入开展道德领域突出问题专项教育和治理，依法惩处公德失范、诚信缺失的违法行为，大力整治突破道德底线、丧失道德良知的现象，弘扬真善美、贬斥假恶丑。加强社会信用体系建设，完善守法诚信褒奖激励机制和违法失信行为惩戒机制，加大失信被执行人信用监督、威慑和惩戒力度。完善科研诚信规范。激发社会组织活力，加强自我约束、自我管理，发挥好参与社会事务、维护公共利益、救助困难群众、帮教特殊人群、预防违法犯罪的作用。深化政风行风建设，切实纠正行业不正之风。完善市民公约、乡规民约、学生守则、行业规章、团体章程等社会规范，发挥党和国家功勋荣誉表彰制度的引领作用、礼仪制度的教化作用，使社会治理的过程成为培育和践行社会主义核心价值观的过程。

坚持依规治党。加强和规范党内政治生活，严肃党的政治纪律和政治规矩，全面净化党内政治生态。加强党的作风建设，重点突出坚定理想信念、践行根本宗旨、加强道德修养，坚持不懈整治形式主义、官僚主义、享乐主义和奢靡之风，使党的作风全面纯洁起来。以零容忍态度惩治腐败，严格依纪依法查处各类腐败案件，建设廉洁政治。

四、用司法公正引领社会公正

司法是维护社会公平正义的最后一道防线，司法公正对社会公正具有重要引领作用。要全面深化司法体制改革，加快建立健全公正高效权威的社会主义司法制度，确保审判机关、检察机关依法独立公正行使审判权、检察权，提供优质高效的司法服务和保障，努力让人民群众在每一个司法案件中都感受到公平正义，推动社会主义核心价值观落地生根。

提高司法公信力。坚持以事实为依据、以法律为准绳，严格依照事实和法律办案，确保办案过程符合程序公正、办案结果符合实体公正，用公正司法培育和弘扬社会主义核心价值观。加强弱势群体合法权益司法保护，加大涉民生案件查办工作力度，通过具体案件的办理，推动形成良好社会关系和社会氛围。根据案件难易、刑罚轻重等情况，积极推进繁简分流，依法适用简易程序、小额诉讼程序、刑事案件速裁程序，引导和鼓励自主选择调解、和解、协调等解决纠纷方式，在更高层次上实现公正和效率的平衡。切实解决执行难问题，依法保障胜诉当事人及时实现合法权益。严格落实罪刑法定、疑罪从无、非法证据排除等法律原则和制度，建立健全纠错机制，有效防范冤假错案。坚持以公开促公正、以透明保廉洁，严格落实司法责任制，建立健全司法人员履行法定职责保护机制，推进审判公开、检务公开、警务公开、狱务公开，严禁领导干部干预司法活动、插手具体案件处理，加强对司法活动的监督，让司法在阳光下运行。

建设完备的法律服务体系。加强司法救助、法律援助，统筹城乡、区域法律服务资源，加快推动法律服务向欠发达地区、基层村（社区）延伸。畅通依法维权渠道，深入推进诉讼服务中心建设，不断完善诉讼服务设施，因地制宜推行预约立案、远程立案、网上立案等制度，加强巡回审判，方便群众诉讼，减轻群众诉累，依法保障当事人和其他诉讼参与人的诉讼权利，最大限度发挥司法的人权保障功能。

完善司法政策，加强司法解释，强化案例指导。遵循法律精神和原则，实行适应社会主义核心价值观要求的司法政策，增强适用法律法规的及时性、针对性、有效性，为惩治违背社会主义核心价值观、严重失德败德行为，提供具体、明确的司法政策支持。准确把握法律精神和法律原则，适应社会主义核心价值观建设的实践要求，发挥司法解释功能，正确解释法律。完善案例指导制度，及时选择对司法办案有普遍指导意义，对培育和弘扬社会主义核心价值观有示范作用的案例，作为指导性案例发布，通过个案解释法律和统一法律适用标准。

五、弘扬社会主义法治精神

根植于全民心中的法治精神，是社会主义核心价值观建设的基本内容和重要基础。要坚持法治宣传教育与法治实践相结合，建设社会主义法治文化，推动全社会树立法治意识、增强法治观念，形成守法光荣、违法可耻的社会氛围，使全体人民都成为社会主义法治的忠实崇尚者、社会主义核心价值观的自觉践行者。

深入开展法治宣传教育。深入学习宣传习近平总书记关于全面依法治国的重要论述，增强走中国特色社会主义法治道路的自觉性和坚定性。深入开展宪法宣传教育，弘扬宪法精神，增强宪法意识，形成崇尚宪法、遵守宪法、维护宪法权威的社会氛围。深入宣传中国特色社会主义法律体系，重点宣传与经济社会发展和人民生产生活密切相关的法律法规，通过公开审判、典型案例发布、诉前诉后答疑等方式，引导全体公民自觉守法、遇事找法、解决问题靠法。在全体党员中深入开展党章和党内法规学习教育，明确基本标准，树立行为规范。把领导干部带头学法、模范守法作为树立法治意识的关键，完善国家工作人员学法用法制度，提高党员、干部法治思维和依法办事能力。坚持从青少年抓起，切实把法治教育纳入国民教育体系，使青少年从小树立宪法意识、国家意识和法治观念。健全普法宣传教育机制，实行国家机关"谁执法谁普法"的普法责任制，建立和实施法官、检察官、行政执法人员、律师等以案释法制度，把法治教育纳入文明城市、文明村镇、文明单位、文明家庭、文明校园创建活动，强化基层党组织开展法治宣传教育职责，广泛开展群众性法治文化活动，开展普法益民和公益广告宣传活动，推动法律进机关、进乡村、进社区、进学校、进企业、进单位。

增强法治的道德底蕴。把法治教育与道德教育结合起来，深化社会主义核心价值观学习教育实践，深入开展社会公德、职业道德、家庭美德、个人品德教育，大力弘扬爱国主义、集体主义、社会主义思想，以道德滋养法治精神。强化规则意识，倡导契约精神，弘扬公序良俗，引导人们自觉履行法定义务、社会责任、家庭责任，努力形成中华儿女互有责任的良好风尚。广泛开展时代楷模、道德模范、最美人物和身边好人学习宣传活动，积极倡导助人为乐、见义勇为、诚实守信、敬业奉献、孝老爱亲等美德善行。大力弘扬中华优秀传统文化，深入挖掘和阐发中华民族讲仁爱、重民本、守诚信、崇正义、尚和合、求大同的时代价值，汲取中华法律文化精华，使之成为涵养社会主义法治文化的重要源泉。

六、加强组织领导

各级党委要高度重视把社会主义核心价值观融入法治建设工作，加强组织领导，加大工作力度。人大、政府、政协、审判机关、检察机关要认真履职尽责，各领域各部门要充分发挥各自优势，积极主动开展工作。党委宣传部和政法委要加强工作指导，统筹各方力量、协调各方职能，形成齐抓共管的工作合力，为社会主义核心价值观建设创造良好法治环境。

加强法治工作队伍建设。着力增强法治工作队伍的思想政治素质、业务工作能力、职业道德水准，做到忠于党、忠于国家、忠于人民、忠于法律。在立法队伍、行政执法队伍、司法队伍中，深入开展社会主义核心价值观和社会主义法治理念教育，强化职业道德和职业操守，努力建设一支信念坚定、执法为民、敢于担当、清正廉洁的政法队伍。按照重品行、讲操守、守规矩的要求，加强律师队伍建设，发展公证员、基层法律服务工作者、人民调解员队伍。推动法律服务志愿者队伍建设。坚持立德树人、德育为先导向，推动中国特色社会主义法治理论进教材进课堂进头脑，培养造就熟悉和坚持社会主义法治理念和社会主义核心价值观的法治人才及后备力量。

　　坚持改革创新。按照贯穿结合融入、落细落小落实的要求，积极探索有效途径和办法，使社会主义核心价值观和社会主义法治建设相互促进、相得益彰。坚持人民主体地位，拓宽人民群众有序参与立法、执法、司法的渠道和方式，调动人民群众投身依法治国实践的积极性和主动性，使法律及其实施充分体现人民意志、体现社会主义核心价值观要求。注重总结推广新创造新经验，不断提高工作针对性实效性，依靠教育引导、实践养成和良法善治，开创社会主义核心价值观建设新局面。

附录二　中共中央办公厅《关于培育和践行社会主义核心价值观的意见》

社会主义核心价值观是社会主义核心价值体系的内核，体现社会主义核心价值体系的根本性质和基本特征，反映社会主义核心价值体系的丰富内涵和实践要求，是社会主义核心价值体系的高度凝练和集中表达。为深入贯彻落实党的十八大和十八届三中全会精神，积极培育和践行社会主义核心价值观，现提出如下意见。

一、培育和践行社会主义核心价值观的重要意义和指导思想

（一）培育和践行社会主义核心价值观，是推进中国特色社会主义伟大事业、实现中华民族伟大复兴中国梦的战略任务。党的十八大提出，倡导富强、民主、文明、和谐，倡导自由、平等、公正、法治，倡导爱国、敬业、诚信、友善，积极培育和践行社会主义核心价值观。这与中国特色社会主义发展要求相契合，与中华优秀传统文化和人类文明优秀成果相承接，是我们党凝聚全党全社会价值共识作出的重要论断。富强、民主、文明、和谐是国家层面的价值目标，自由、平等、公正、法治是社会层面的价值取向，爱国、敬业、诚信、友善是公民个人层面的价值准则，这24个字是社会主义核心价值观的基本内容，为培育和践行社会主义核心价值观提供了基本遵循。面对世界范围思想文化交流交融交锋形势下价值观较量的新态势，面对改革开放和发展社会主义市场经济条件下思想意识多元多样多变的新特点，积极培育和践行社会主义核心价

值观，对于巩固马克思主义在意识形态领域的指导地位、巩固全党全国人民团结奋斗的共同思想基础，对于促进人的全面发展、引领社会全面进步，对于集聚全面建成小康社会、实现中华民族伟大复兴中国梦的强大正能量，具有重要现实意义和深远历史意义。

（二）培育和践行社会主义核心价值观的指导思想是：高举中国特色社会主义伟大旗帜，以邓小平理论、"三个代表"重要思想、科学发展观为指导，深入学习贯彻党的十八大精神和习近平同志系列讲话精神，紧紧围绕坚持和发展中国特色社会主义这一主题，紧紧围绕实现中华民族伟大复兴中国梦这一目标，紧紧围绕"三个倡导"这一基本内容，注重宣传教育、示范引领、实践养成相统一，注重政策保障、制度规范、法律约束相衔接，使社会主义核心价值观融入人们生产生活和精神世界，激励全体人民为夺取中国特色社会主义新胜利而不懈奋斗。

（三）培育和践行社会主义核心价值观要坚持以下原则：坚持以人为本，尊重群众主体地位，关注人们利益诉求和价值愿望，促进人的全面发展；坚持以理想信念为核心，抓住世界观、人生观、价值观这个总开关，在全社会牢固树立中国特色社会主义共同理想，着力铸牢人们的精神支柱；坚持联系实际，区分层次和对象，加强分类指导，找准与人们思想的共鸣点、与群众利益的交汇点，做到贴近性、对象化、接地气；坚持改进创新，善于运用群众喜闻乐见的方式，搭建群众便于参与的平台，开辟群众乐于参与的渠道，积极推进理念创新、手段创新和基层工作创新，增强工作的吸引力感染力。

二、把培育和践行社会主义核心价值观融入国民教育全过程

（四）培育和践行社会主义核心价值观要从小抓起、从学校抓起。坚持育人为本、德育为先，围绕立德树人的根本任务，把社会

主义核心价值观纳入国民教育总体规划，贯穿于基础教育、高等教育、职业技术教育、成人教育各领域，落实到教育教学和管理服务各环节，覆盖到所有学校和受教育者，形成课堂教学、社会实践、校园文化多位一体的育人平台，不断完善中华优秀传统文化教育，形成爱学习、爱劳动、爱祖国活动的有效形式和长效机制，努力培养德智体美全面发展的社会主义建设者和接班人。适应青少年身心特点和成长规律，深化未成年人思想道德建设和大学生思想政治教育，构建大中小学有效衔接的德育课程体系和教材体系，创新中小学德育课和高校思想政治理论课教育教学，推动社会主义核心价值观进教材、进课堂、进学生头脑。完善学校、家庭、社会三结合的教育网络，引导广大家庭和社会各方面主动配合学校教育，以良好的家庭氛围和社会风气巩固学校教育成果，形成家庭、社会与学校携手育人的强大合力。

（五）拓展青少年培育和践行社会主义核心价值观的有效途径。注重发挥社会实践的养成作用，完善实践教育教学体系，开发实践课程和活动课程，加强实践育人基地建设，打造大学生校外实践教育基地、高职实训基地、青少年社会实践活动基地，组织青少年参加力所能及的生产劳动和爱心公益活动、益德益智的科研发明和创新创造活动、形式多样的志愿服务和勤工俭学活动。注重发挥校园文化的熏陶作用，加强学校报刊、广播电视、网络建设，完善校园文化活动设施，重视校园人文环境培育和周边环境整治，建设体现社会主义特点、时代特征、学校特色的校园文化。

（六）建设师德高尚、业务精湛的高素质教师队伍。实施师德师风建设工程，坚持师德为上，完善教师职业道德规范，健全教师任职资格准入制度，将师德表现作为教师考核、聘任和评价的首要内容，形成师德师风建设长效机制。着重抓好学校党政干部和共青团干部,思想品德课、思想政治理论课和哲学社会科学课教师,辅导员和班主任队伍建设。引导广大教师自觉增强教书育人的荣誉感和责任感,学为人师、行为世范,做学生健康成长的指导者和引路人。

三、把培育和践行社会主义核心价值观落实到经济发展实践和社会治理中

(七)确立经济发展目标和发展规划,出台经济社会政策和重大改革措施,开展各项生产经营活动,要遵循社会主义核心价值观要求,做到讲社会责任、讲社会效益、讲守法经营、讲公平竞争、讲诚信守约,形成有利于弘扬社会主义核心价值观的良好政策导向、利益机制和社会环境。与人们生产生活和现实利益密切相关的具体政策措施,要注重经济行为和价值导向有机统一,经济效益和社会效益有机统一,实现市场经济和道德建设良性互动。建立完善相应的政策评估和纠偏机制,防止出现具体政策措施与社会主义核心价值观相背离的现象。

(八)法律法规是推广社会主流价值的重要保证。要把社会主义核心价值观贯彻到依法治国、依法执政、依法行政实践中,落实到立法、执法、司法、普法和依法治理各个方面,用法律的权威来增强人们培育和践行社会主义核心价值观的自觉性。厉行法治,严格执法,公正司法,捍卫宪法和法律尊严,维护社会公平正义。加强法制宣传教育,培育社会主义法治文化,弘扬社会主义法治精神,增强全社会学法尊法守法用法意识。注重把社会主义核心价值观相关要求上升为具体法律规定,充分发挥法律的规范、引导、保障、促进作用,形成有利于培育和践行社会主义核心价值观的良好法治环境。

(九)要把践行社会主义核心价值观作为社会治理的重要内容,

融入制度建设和治理工作中，形成科学有效的诉求表达机制、利益协调机制、矛盾调处机制、权益保障机制，最大限度增进社会和谐。创新社会治理，完善激励机制，褒奖善行义举，实现治理效能与道德提升相互促进，形成好人好报、恩将德报的正向效应。完善市民公约、村规民约、学生守则、行业规范，强化规章制度实施力度，在日常治理中鲜明彰显社会主流价值，使正确行为得到鼓励、错误行为受到谴责。

四、加强社会主义核心价值观宣传教育

（十）用社会主义核心价值观引领社会思潮、凝聚社会共识。深入开展中国特色社会主义和中国梦宣传教育，不断增强人们的道路自信、理论自信、制度自信，坚定全社会全面深化改革的意志和决心。把社会主义核心价值观学习教育纳入各级党委（党组）中心组学习计划，纳入各级党委讲师团经常性宣讲内容。深入研究社会主义核心价值观的理论和实际问题，深刻解读社会主义核心价值观的丰富内涵和实践要求，为实践发展提供学理支撑。深入推进马克思主义理论研究和建设工程，发挥国家社科基金的导向带动作用，推出更多有分量有价值的研究成果。加强社会思潮动态分析，强化社会热点难点问题的正面引导，在尊重差异中扩大社会认同，在包容多样中形成思想共识。严格社团、讲座、论坛、研讨会、报告会的管理。

（十一）新闻媒体要发挥传播社会主流价值的主渠道作用。坚持团结稳定鼓劲、正面宣传为主，牢牢把握正确舆论导向，把社会主义核心价值观贯穿到日常形势宣传、成就宣传、主题宣传、典型宣传、热点引导和舆论监督中，弘扬主旋律，传播正能量，不断巩固壮大积极健康向上的主流思想舆论。党报党刊、通讯社、电台电视台要拿出重要版面时段、推出专栏专题，出版社要推出专项出版，运用新闻报道、言论评论、访谈节目、专题节目和各类出版物等形式传播社会主义核心价值观。都市类、行业类媒体要增强传播主流价值的社会责任，积极发挥自身优势，适应分众化特点，多联系群众身边事例，多运用大众化语言，在生动活泼的宣传报道中引导人们培育和践行社会主义核心价值观。强化传播媒介管理，不为错误观点提供传播渠道。新闻出版单位和从业人员要强化行业自律，切实增强传播社会主义核心价值观的责任意识和能力，将个人道德修养作为从业资格考评重要内容。

（十二）建设社会主义核心价值观的网上传播阵地。适应互联网快速发展形势，善于运用网络传播规律，把社会主义核心价值观体现到网络宣传、网络文化、网络服务中，用正面声音和先进文化占领网络阵地。做大做强重点新闻网站，发挥主要商业网站建设性作用，形成良好的网上舆论环境，集聚网上舆论引导合力。做好重大信息网上发布，回应网民关切，主动有效进行网上引导。推动中华优秀传统文化和当代文化精品网络化传播，创作适于新兴媒体传播、格调健康的网络文化作品。依法加强网络社会管理，加强对网络新技术新应用的管理，推进网络法制建设，规范网上信息传播秩序，整治网络淫秽色情和低俗信息，打击网络谣言和违法犯罪，使网络空间清朗起来。

（十三）发挥精神文化产品育人化人的重要功能。一切文化产品、文化服务和文化活动，都要弘扬社会主义核心价值观，传递积极人生追求、高尚思想境界和健康生活情趣。提升文化产品的思想品格和艺术品位，用思想性艺术性观赏性相统一的优秀作品，弘扬真善美，贬斥假恶丑。加强对新型文化业态、文化样式的引导，让不同类型文化产品都成为弘扬社会主流价值的生动载体。加大对优秀文化产品的推广力度，开展优秀文化产品展演展映展播活动、经典作品阅读观看活动。完善文化产品评价体系，坚持文艺评论评奖的正确价值取向。完善公共文化服务体系，提供均等优质的文化产品，开展多姿多彩的文化活动，丰富群众精神文化生活。

五、开展涵养社会主义核心价值观的实践活动

（十四）广泛开展道德实践活动。以诚信建设为重点，加强社会公德、职业道德、家庭美德、个人品德教育，形成修身律己、崇德向善、礼让宽容的道德风尚。大力宣传先进典型，评选表彰道德模范，形成学习先进、争当先进的浓厚风气。在国家博物馆设立英模陈列馆。深化公民道德宣传日活动，组织道德论坛、道德讲堂、道德修身等活动。加强政务诚信、商务诚信、社会诚信和司法公信建设，开展道德领域突出问题专项教育和治理，完善企业和个人信用记录，健全覆盖全社会的征信系统，加大对失信行为的约束和惩戒力度，在全社会广泛形成守信光荣、失信可耻的氛围。把开展道德实践活动与培育廉洁价值理念相结合，营造崇尚廉洁、鄙弃贪腐的良好社会风尚。

（十五）深化学雷锋志愿服务活动。大力弘扬雷锋精神，广泛开展形式多样的学雷锋实践活动，采取措施推动学雷锋活动常态化。以城乡社区为重点，以相互关爱、服务社会为主题，围绕扶贫济困、应急救援、大型活动、环境保护等方面，围绕空巢老人、留守妇女儿童、困难职工、残疾人等群体，组织开展各类形式的志愿服务活动，形成我为人人、人人为我的社会风气。把学雷锋和志愿服务结合起来，建立健全志愿服务制度，完善激励机制和政策法规保障机制，把学雷锋志愿服务活动做到基层、做到社区、做进家庭。

（十六）深化群众性精神文明创建活动。各类精神文明创建活动要在突出社会主义核心价值观的思想内涵上求实效。推进文明城市、文明村镇、文明单位、文明家庭等创建活动，开展全民阅读活动，不断提升公民文明素质和社会文明程度。广泛开展美丽中国建设宣传教育。开展礼节礼仪教育，在重要场所和重要活动中升挂国旗、奏唱国歌，在学校开学、学生毕业时举行庄重简朴的典礼，完善重大灾难哀悼纪念活动，使礼节礼仪成为培育社会主流价值的重要方式。加强对公民文明旅游的宣传教育、规范约束和社会监督，增强公民旅游的文明意识。

（十七）发挥优秀传统文化怡情养志、涵育文明的重要作用。中华优秀传统文化积淀着中华民族最深沉的精神追求，包含着中华民族最根本的精神基因，代表着中华民族独特的精神标识，是中华民族生生不息、发展壮大的丰厚滋养。建设优秀传统文化传承体系，加大文物保护和非物质文化遗产保护力度，加强对优秀传统文化思想价值的挖掘，梳理和萃取中华文化中的思想精华，作出通俗易懂的当代表达，赋予新的时代内涵，使之与中国特色社会主义相适应，让优秀传统文化在新的时代条件下不断发扬光大。重视民族传统节日的思想熏陶和文化教育功能，丰富民族传统节日的文化内涵，开展优秀传统文化教育普及活动，培育特色鲜明、气氛浓郁的节日文化。增加国民教育中优秀传统文化课程内容，分阶段有序推进学校优秀传统文化教育。开展移风易俗，创新民俗文化样式，形成与历史文化传统相承接、与时代发展相一致的新民俗。

（十八）发挥重要节庆日传播社会主流价值的独特优势。开展革命传统教育，加强对革命传统文化时代价值的阐发，发扬党领导人民在革命、建设、改革中形成的优良传统，弘扬民族精神和时代精神。挖掘各种重要节庆日、纪念日蕴藏的丰富教育资源，利用五四、七一、八一、十一等政治性节日，三八、五一、六一等国际性节日，党史国史上重大事件、重要人物纪念日等，举办庄严庄重、内涵丰富的群众性庆祝和纪念活动。利用党和国家成功举办大事、妥善应对难事的时机，因势利导地开展各类教育活动。加强爱国主义教育基地建设，形成实体展馆与网上展馆相结合、涵盖各个历史时期的爱国主义教育基地体系。推进公共博物馆、纪念馆、爱国主义教育基地和文化馆、图书馆、美术馆、科技馆等免费开放，积极发展红色旅游。

（十九）运用公益广告传播社会主流价值、引领文明风尚。围绕社会主义核心价值观，加强公益广告的选题规划和内容创意，形成公益广告传播先进文化、传扬新风正气的强大声势。加大公益广告刊播力度，广播电视、报纸期刊要拿出黄金时段、重要版面和显著位置，持续刊播公益广告。互联网和手机媒体要发挥传输快捷、覆盖广泛的优势，运用多种方式扩大公益广告的影响力。社会公共场所、公共交通工具要在适当位置悬挂张贴公益广告。各类公益广告要注重导向鲜明、富有内涵、引人向上，注重形式多样、品位高雅、创意新颖，体现时代感厚重感，增强传播力感染力。

六、加强对培育和践行社会主义核心价值观的组织领导

（二十）各级党委和政府要充分认识培育和践行社会主义核心价值观的重要性，把这项任务摆上重要位置，把握方向，制定政策，营造环境，切实负起政治责任和领导责任。把社会主义核心价值观要求体现到经济建设、政治建设、文化建设、社会建设、生态文明建设和党的建设各领域，推动培育和践行社会主义核心价值观同实际工作融为一体、相互促进。建立健全培育和践行社会主义核心价值观的领导体制和工作机制，加强统筹协调，加强组织实施，加强督促落实，提高工作科学化水平。党的基层组织要在推动社会主义核心价值观培育和践行方面，发挥政治核心作用和战斗堡垒作用，筑牢社会和谐的精神纽带，打牢党执政的思想基础。

（二十一）党员、干部要做培育和践行社会主义核心价值观的模范。党员、干部特别是领导干部要在培育和践行社会主义核心价值观方面带好头，以身作则、率先垂范，讲党性、重品行、作表率，为民、务实、清廉，以人格力量感召群众、引领风尚。加强理想信念教育，引导党员、干部着力增强走中国特色社会主义道路、为党和人民事业不懈奋斗的自觉性和坚定性，做共产主义远大理想和中国特色社会主义共同理想的坚定信仰者。加强党性教育，引导党员、干部贯彻党的群众路线，弘扬党的优良传统和作风，以优良党风促政风带民风。加强道德建设，引导党员、干部始终保持高洁生活情趣，坚守共产党人精神追求。

（二十二）培育和践行社会主义核心价值观是全社会的共同责任。坚持全党动手、全社会参与，把培育和践行社会主义核心价值观同各领域的行政管理、行业管理和社会管理结合起来，形成齐抓共管的工作格局。党政各部门，工会、共青团、妇联等人民团体，要在党委统一领导下，加强沟通、密切配合，形成共同推进社会主义核心价值观培育和践行的良好局面。各地区各部门各单位要制定实施方案，落实工作责任制，明确任务分工，完善工作措施。重视发挥民主党派和工商联的重要作用，支持民主党派和工商联开展培育和践行社会主义核心价值观的各项工作。加强同知识界的联系，引导知识分子用正确观点阐释和传播社会主义核心价值观。党委宣传部门要切实担负起组织指导、协调推进的重要职责，积极会同有关部门采取有力措施，推动各项任务落到实处。

（二十三）把培育和践行社会主义核心价值观的任务落实到基层。城乡基层是培育和践行社会主流价值的重要依托，农村、企业、社区、机关、学校等基层单位要重视社会主义核心价值观的培育和践行，使之融入基层党组织建设、基层政权建设中，融入城乡居民自治中，融入人们生产生活和工作学习中，努力实现全覆盖，推动社会主义核心价值观不断转化为社会群体意识和人们自觉行动。充分发挥工人、农民、知识分子的主力军作用，发挥党员、干部的模范带头作用，发挥青少年的生力军作用，发挥社会公众人物的示范作用，发挥非公有制经济组织和新社会组织从业人员的积极作用，形成人人践行社会主义核心价值观的生动景象。

附录三　中共中央、国务院《新时代爱国主义教育实施纲要》

爱国主义是中华民族的民族心、民族魂，是中华民族最重要的精神财富，是中国人民和中华民族维护民族独立和民族尊严的强大精神动力。爱国主义精神深深植根于中华民族心中，维系着中华大地上各个民族的团结统一，激励着一代又一代中华儿女为祖国发展繁荣而自强不息、不懈奋斗。中国共产党是爱国主义精神最坚定的弘扬者和实践者，90多年来，中国共产党团结带领全国各族人民进行的革命、建设、改革实践是爱国主义的伟大实践，写下了中华民族爱国主义精神的辉煌篇章。党的十八大以来，以习近平同志为核心的党中央高度重视爱国主义教育，固本培元、凝心铸魂，作出一系列重要部署，推动爱国主义教育取得显著成效。当前，中国特色社会主义进入新时代，中华民族伟大复兴正处于关键时期。新时代加强爱国主义教育，对于振奋民族精神、凝聚全民族力量，决胜全面建成小康社会，夺取新时代中国特色社会主义伟大胜利，实现中华民族伟大复兴的中国梦，具有重大而深远的意义。

一、总体要求

1. 指导思想。坚持以马克思列宁主义、毛泽东思想、邓小平理论、"三个代表"重要思想、科学发展观、习近平新时代中国特色社会主义思想为指导，增强"四个意识"，坚定"四个自信"，做到"两个维护"，着眼培养担当民族复兴大任的时代新人，始终高扬爱国主义旗帜,着力培养爱国之情、砥砺强国之志、实践报国之行,使爱国主义成为全体中国人民的坚定信念、精神力量和自觉行动。

2. 坚持把实现中华民族伟大复兴的中国梦作为鲜明主题。伟大事业需要伟大精神,伟大精神铸就伟大梦想。要把国家富强、民族振兴、人民幸福作为不懈追求,着力扎紧全国各族人民团结奋斗的精神纽带,厚植家国情怀,培育精神家园,引导人们坚持中国道路、弘扬中国精神、凝聚中国力量,为实现中华民族伟大复兴的中国梦提供强大精神动力。

3. 坚持爱党爱国爱社会主义相统一。新中国是中国共产党领导的社会主义国家,祖国的命运与党的命运、社会主义的命运密不可分。当代中国,爱国主义的本质就是坚持爱国和爱党、爱社会主义高度统一。要区分层次、区别对象,引导人们深刻认识党的领导是中国特色社会主义最本质特征和最大制度优势,坚持党的领导、坚持走中国特色社会主义道路是实现国家富强的根本保障和必由之路,以坚定的信念、真挚的情感把新时代中国特色社会主义一以贯之进行下去。

4. 坚持以维护祖国统一和民族团结为着力点。国家统一和民族团结是中华民族根本利益所在。要始终不渝坚持民族团结是各族人民的生命线,巩固和发展平等团结互助和谐的社会主义民族关系,引导全国各族人民像爱护自己的眼睛一样珍惜民族团结,维护全国各族人民大团结的政治局面,巩固和发展最广泛的爱国统一战线,不断增强对伟大祖国、中华民族、中华文化、中国共产党、中国特色社会主义的认同,坚决维护国家主权、安全、发展利益,旗帜鲜明反对分裂国家图谋、破坏民族团结的言行,筑牢国家统一、民族团结、社会稳定的铜墙铁壁。

5. 坚持以立为本、重在建设。爱国主义是中华儿女最自然、最朴素的情感。要坚持从娃娃抓起，着眼固本培元、凝心铸魂，突出思想内涵，强化思想引领，做到润物无声，把基本要求和具体实际结合起来，把全面覆盖和突出重点结合起来，遵循规律、创新发展，注重落细落小落实、日常经常平常，强化教育引导、实践养成、制度保障，推动爱国主义教育融入贯穿国民教育和精神文明建设全过程。

6. 坚持立足中国又面向世界。一个国家、一个民族，只有开放兼容，才能富强兴盛。要把弘扬爱国主义精神与扩大对外开放结合起来，尊重各国历史特点、文化传统，尊重各国人民选择的发展道路，善于从不同文明中寻求智慧、汲取营养，促进人类和平与发展的崇高事业，共同推动人类文明发展进步。

二、基本内容

7. 坚持用习近平新时代中国特色社会主义思想武装全党、教育人民。习近平新时代中国特色社会主义思想是马克思主义中国化最新成果，是党和人民实践经验和集体智慧的结晶，是中国特色社会主义理论体系的重要组成部分，是全党全国人民为实现中华民族伟大复兴而奋斗的行动指南，必须长期坚持并不断发展。要深刻理解习近平新时代中国特色社会主义思想的核心要义、精神实质、丰富内涵、实践要求，不断增强干部群众的政治意识、大局意识、核心意识、看齐意识，坚决维护习近平总书记党中央的核心、全党的核心地位，坚决维护党中央权威和集中统一领导。要紧密结合人们生产生活实际，推动习近平新时代中国特色社会主义思想进企业、进农村、进机关、进校园、进社区、进军营、进网络，真正使党的创新理论落地生根、开花结果。要在知行合一、学以致用上下功夫，引导干部群众坚持以习近平新时代中国特色社会主义思想为指导、展现新气象、激发新作为，把学习教育成果转化为爱国报国的实际行动。

8. 深入开展中国特色社会主义和中国梦教育。中国特色社会主义集中体现着国家、民族、人民根本利益。要高举中国特色社会主义伟大旗帜，广泛开展理想信念教育，用党领导人民进行伟大社会革命的成果说话，用改革开放以来社会主义现代化建设的伟大成就说话，用新时代坚持和发展中国特色社会主义的生动实践说话，用中国特色社会主义制度的优势说话，在历史与现实、国际与国内的对比中，引导人们深刻认识中国共产党为什么"能"、马克思主义为什么"行"、中国特色社会主义为什么"好"，牢记红色政权是从哪里来的、新中国是怎么建立起来的，倍加珍惜我们党开创的中国特色社会主义，不断增强道路自信、理论自信、制度自信、文化自信。要深入开展中国梦教育，引导人们深刻认识中国梦是国家的梦、民族的梦，也是每个中国人的梦，深刻认识中华民族伟大复兴绝不是轻轻松松、敲锣打鼓就能实现的，要付出更为艰巨、更为艰苦的努力，争做新时代的奋斗者、追梦人。

9. 深入开展国情教育和形势政策教育。要深入开展国情教育，帮助人们了解我国发展新的历史方位、社会主要矛盾的变化，引导人们深刻认识到，我国仍处于并将长期处于社会主义初级阶段的基本国情没有变，我国是世界上最大发展中国家的国际地位没有变，始终准确把握基本国情，既不落后于时代，也不脱离实际、超越阶段。要深入开展形势政策教育，帮助人们树立正确的历史观、大局观、角色观，了解世界正经历百年未有之大变局，我国仍处于发展的重要战略机遇期，引导人们清醒认识国际国内形势发展变化，做好我们自己的事情。要发扬斗争精神，增强斗争本领，引导人们充分认识伟大斗争的长期性、复杂性、艰巨性，敢于直面风险挑战，以坚忍不拔的意志和无私无畏的勇气战胜前进道路上的一切艰难险阻，在进行伟大斗争中更好弘扬爱国主义精神。

10. 大力弘扬民族精神和时代精神。以爱国主义为核心的民族精神和以改革创新为核心的时代精神，是凝心聚力的兴国之魂、强国之魂。要聚焦培养担当民族复兴大任的时代新人，培育和践行社会主义核心价值观，广泛开展爱国主义、集体主义、社会主义教育，提高人们的思想觉悟、道德水准和文明素养。要唱响人民赞歌、展现人民风貌，大力弘扬中国人民在长期奋斗中形成的伟大创造精神、伟大奋斗精神、伟大团结精神、伟大梦想精神，生动展示人民群众在新时代的新实践、新业绩、新作为。

11. 广泛开展党史、国史、改革开放史教育。历史是最好的教科书，也是最好的清醒剂。要结合中华民族从站起来、富起来到强起来的伟大飞跃，引导人们深刻认识历史和人民选择中国共产党、选择马克思主义、选择社会主义道路、选择改革开放的历史必然性，深刻认识我们国家和民族从哪里来、到哪里去，坚决反对历史虚无主义。要继承革命传统，弘扬革命精神，传承红色基因，结合新的时代特点赋予新的内涵，使之转化为激励人民群众进行伟大斗争的强大动力。要加强改革开放教育，引导人们深刻认识改革开放是党和人民大踏步赶上时代的重要法宝，是坚持和发展中国特色社会主义的必由之路，是决定当代中国命运的关键一招，也是决定实现"两个一百年"奋斗目标、实现中华民族伟大复兴的关键一招，凝聚起将改革开放进行到底的强大力量。

12. 传承和弘扬中华优秀传统文化。对祖国悠久历史、深厚文化的理解和接受，是爱国主义情感培育和发展的重要条件。要引导人们了解中华民族的悠久历史和灿烂文化，从历史中汲取营养和智慧，自觉延续文化基因，增强民族自尊心、自信心和自豪感。要坚持古为今用、推陈出新，不忘本来、辩证取舍，深入实施中华优秀传统文化传承发展工程，推动中华文化创造性转化、创新性发展。要坚守正道、弘扬大道，反对文化虚无主义，引导人们树立和坚持正确的历史观、民族观、国家观、文化观，不断增强中华民族的归属感、认同感、尊严感、荣誉感。

13. 强化祖国统一和民族团结进步教育。实现祖国统一、维护民族团结，是中华民族的不懈追求。要加强祖国统一教育，深刻揭示维护国家主权和领土完整、实现祖国完全统一是大势所趋、大义所在、民心所向，增进广大同胞心灵契合、互信认同，与分裂祖国的言行开展坚决斗争，引导全体中华儿女为实现民族伟大复兴、推进祖国和平统一而共同奋斗。深化民族团结进步教育，铸牢中华民族共同体意识，加强各民族交往交流交融，引导各族群众牢固树立"三个离不开"思想，不断增强"五个认同"，使各民族同呼吸、共命运、心连心的光荣传统代代相传。

14. 加强国家安全教育和国防教育。国家安全是安邦定国的重要基石。要加强国家安全教育，深入学习宣传总体国家安全观，增强全党全国人民国家安全意识，自觉维护政治安全、国土安全、经济安全、社会安全、网络安全和外部安全。要加强国防教育，增强全民国防观念，使关心国防、热爱国防、建设国防、保卫国防成为全社会的思想共识和自觉行动。要深入开展增强忧患意识、防范化解重大风险的宣传教育，引导广大干部群众强化风险意识，科学辨识风险、有效应对风险，做到居安思危、防患未然。

三、新时代爱国主义教育要面向全体人民、聚焦青少年

15. 充分发挥课堂教学的主渠道作用。培养社会主义建设者和接班人，首先要培养学生的爱国情怀。要把青少年作为爱国主义教育的重中之重，将爱国主义精神贯穿于学校教育全过程，推动爱国

主义教育进课堂、进教材、进头脑。在普通中小学、中职学校,将爱国主义教育内容融入语文、道德与法治、历史等学科教材编写和教育教学中,在普通高校将爱国主义教育与哲学社会科学相关专业课程有机结合,加大爱国主义教育内容的比重。创新爱国主义教育的形式,丰富和优化课程资源,支持和鼓励多种形式开发微课、微视频等教育资源和在线课程,开发体现爱国主义教育要求的音乐、美术、书法、舞蹈、戏剧作品等,进一步增强吸引力感染力。

16. 办好学校思想政治理论课。思想政治理论课是爱国主义教育的主阵地。要紧紧抓住青少年阶段的"拔节孕穗期",理直气壮开好思想政治理论课,引导学生把爱国情、强国志、报国行自觉融入坚持和发展中国特色社会主义事业、建设社会主义现代化强国、实现中华民族伟大复兴的奋斗之中。按照政治强、情怀深、思维新、视野广、自律严、人格正的要求,加强思想政治理论课教师队伍建设,让有信仰的人讲信仰,让有爱国情怀的人讲爱国。推动思想政治理论课改革创新,发挥学生主体作用,采取互动式、启发式、交流式教学,增强思想性理论性和亲和力针对性,在教育灌输和潜移默化中,引导学生树立国家意识、增进爱国情感。

17. 组织推出爱国主义精品出版物。针对不同年龄、不同成长阶段,坚持精品标准,加大创作力度,推出反映爱国主义内容的高质量儿童读物、教辅读物,让广大青少年自觉接受爱国主义熏陶。积极推荐爱国主义主题出版物,大力开展爱国主义教育读书活动。结合青少年兴趣点和接受习惯,大力开发并积极推介体现中华文化精髓、富有爱国主义气息的网络文学、动漫、有声读物、网络游戏、手机游戏、短视频等。

18. 广泛组织开展实践活动。大中小学的党组织、共青团、少先队、学生会、学生社团等,要把爱国主义内容融入党日团日、主题班会、班队会以及各类主题教育活动之中。广泛开展文明校园创建，强化校训校歌校史的爱国主义教育功能，组织开展丰富多彩的校园文化活动。组织大中小学生参观纪念馆、展览馆、博物馆、烈士纪念设施，参加军事训练、冬令营夏令营、文化科技卫生"三下乡"、学雷锋志愿服务、创新创业、公益活动等，更好地了解国情民情，强化责任担当。密切与城市社区、农村、企业、部队、社会机构等的联系，丰富拓展爱国主义教育校外实践领域。

19. 在广大知识分子中弘扬爱国奋斗精神。我国知识分子历来有浓厚的家国情怀和强烈的社会责任感。深入开展"弘扬爱国奋斗精神、建功立业新时代"活动，弘扬"两弹一星"精神、载人航天精神等，大力组织优秀知识分子学习宣传，引导新时代知识分子把自己的理想同祖国的前途、把自己的人生同民族的命运紧密联系在一起，立足本职、拼搏奋斗、创新创造，在新时代作出应有的贡献。广泛动员和组织知识分子深入改革开放前沿、经济发展一线和革命老区、民族地区、边疆地区、贫困地区，开展调研考察和咨询服务，深入了解国情，坚定爱国追求。

20. 激发社会各界人士的爱国热情。社会各界的代表性人士具有较强示范效应。要坚持信任尊重团结引导，增进和凝聚政治共识，夯实共同思想政治基础，不断扩大团结面，充分调动社会各界人士的爱国热情和社会担当。通过开展职业精神职业道德教育、建立健全相关制度规范、发挥行业和舆论监督作用等，引导社会各界人士增强道德自律、履行社会责任。坚持我国宗教的中国化方向，加强宗教界人士和信教群众的爱国主义教育，引导他们热爱祖国、拥护社会主义制度、拥护中国共产党的领导，遵守国家法律法规和方针政策。加强"一国两制"实践教育，引导人们包括香港特别行政区同胞、澳门特别行政区同胞、台湾同胞和海外侨胞增强对国家的认同,自觉维护国家统一和民族团结。

四、丰富新时代爱国主义教育的实践载体

21. 建好用好爱国主义教育基地和国防教育基地。各级各类爱国主义教育基地,是激发爱国热情、凝聚人民力量、培育民族精神的重要场所。要加强内容建设,改进展陈方式,着力打造主题突出、导向鲜明、内涵丰富的精品陈列,强化爱国主义教育和红色教育功能,为社会各界群众参观学习提供更好服务。健全全国爱国主义教育示范基地动态管理机制,进一步完善落实免费开放政策和保障机制,根据实际情况,对爱国主义教育基地免费开放财政补助进行重新核定。依托军地资源,优化结构布局,提升质量水平,建设一批国防特色鲜明、功能设施配套、作用发挥明显的国防教育基地。

22. 注重运用仪式礼仪。认真贯彻执行国旗法、国徽法、国歌法,学习宣传基本知识和国旗升挂、国徽使用、国歌奏唱礼仪。在全社会广泛开展"同升国旗、同唱国歌"活动,让人们充分表达爱国情感。各级广播电台、电视台每天定时在主频率、主频道播放国歌。国庆期间,各级党政机关、人民团体、大型企事业单位、全国城乡社区和爱国主义教育基地等,要组织升国旗仪式并悬挂国旗。鼓励居民家庭在家门前适当位置悬挂国旗。认真组织宪法宣誓仪式、入党入团入队仪式等,通过公开宣誓、重温誓词等形式,强化国家意识和集体观念。

23. 组织重大纪念活动。充分挖掘重大纪念日、重大历史事件蕴含的爱国主义教育资源,组织开展系列庆祝或纪念活动和群众性主题教育。抓住国庆节这一重要时间节点,广泛开展"我和我的祖国"系列主题活动,通过主题宣讲、大合唱、共和国故事汇、快闪、灯光秀、游园活动等形式,引导人们歌唱祖国、致敬祖国、祝福祖国，使国庆黄金周成为爱国活动周。充分运用"七一"党的生日、"八一"建军节等时间节点，广泛深入组织各种纪念活动，唱响共产党好、人民军队好的主旋律。在中国人民抗日战争胜利纪念日、烈士纪念日、南京大屠杀死难者国家公祭日期间，精心组织公祭、瞻仰纪念碑、祭扫烈士墓等，引导人们牢记历史、不忘过去，缅怀先烈、面向未来，激发爱国热情、凝聚奋进力量。

24. 发挥传统和现代节日的涵育功能。大力实施中国传统节日振兴工程，深化"我们的节日"主题活动，利用春节、元宵、清明、端午、七夕、中秋、重阳等重要传统节日，开展丰富多彩、积极健康、富有价值内涵的民俗文化活动，引导人们感悟中华文化、增进家国情怀。结合元旦、"三八"国际妇女节、"五一"国际劳动节、"五四"青年节、"六一"国际儿童节和中国农民丰收节等，开展各具特色的庆祝活动，激发人们的爱国主义和集体主义精神。

25. 依托自然人文景观和重大工程开展教育。寓爱国主义教育于游览观光之中，通过宣传展示、体验感受等多种方式，引导人们领略壮美河山，投身美丽中国建设。系统梳理传统文化资源，加强考古发掘和整理研究，保护好文物古迹、传统村落、民族村寨、传统建筑、农业遗迹、灌溉工程遗产、工业遗迹，推动遗产资源合理利用，健全非物质文化遗产保护制度，推进国家文化公园建设。推动文化和旅游融合发展，提升旅游质量水平和文化内涵，深入挖掘旅游资源中蕴含的爱国主义内容，防止过度商业行为和破坏性开发。推动红色旅游内涵式发展，完善全国红色旅游经典景区体系，凸显教育功能，加强对讲解员、导游等从业人员的管理培训，加强对解说词、旅游项目等的规范，坚持正确的历史观和历史标准。依托国家重大建设工程、科学工程等，建设一批展现新时代风采的主题教育基地。

五、营造新时代爱国主义教育的浓厚氛围

26. 用好报刊广播影视等大众传媒。各级各类媒体要聚焦爱国主义主题,创新方法手段,适应分众化、差异化传播趋势,使爱国主义宣传报道接地气、有生气、聚人气,有情感、有深度、有温度。把爱国主义主题融入贯穿媒体融合发展,打通网上网下、版面页面,推出系列专题专栏、新闻报道、言论评论以及融媒体产品,加强县级融媒体中心建设,生动讲好爱国故事、大力传播主流价值观。制作刊播爱国主义优秀公益广告作品,在街头户外张贴悬挂展示标语口号、宣传挂图,生动形象做好宣传。坚持正确舆论导向,对虚无历史、消解主流价值的错误思想言论,及时进行批驳和辨析引导。

27. 发挥先进典型的引领作用。大力宣传为中华民族和中国人民作出贡献的英雄,宣传革命、建设、改革时期涌现出的英雄烈士和模范人物,宣传时代楷模、道德模范、最美人物和身边好人,宣传具有爱国情怀的地方先贤、知名人物,以榜样的力量激励人、鼓舞人。广泛开展向先进典型学习活动,引导人们把敬仰和感动转化为干事创业、精忠报国的实际行动。做好先进模范人物的关心帮扶工作,落实相关待遇和礼遇,在全社会大力营造崇尚英雄、学习英雄、捍卫英雄、关爱英雄的浓厚氛围。

28. 创作生产优秀文艺作品。把爱国主义作为常写常新的主题,加大现实题材创作力度,为时代画像、为时代立传、为时代明德,不断推出讴歌党、讴歌祖国、讴歌人民、讴歌劳动、讴歌英雄的精品力作。深入实施中国当代文学艺术创作工程、重大历史题材创作工程等,加大对爱国主义题材文学创作、影视创作、词曲创作等的支持力度,加强对经典爱国歌曲、爱国影片的深入挖掘和创新传播,唱响爱国主义正气歌。文艺创作和评论评奖要具有鲜明爱国

主义导向，倡导讲品位、讲格调、讲责任，抵制低俗、庸俗、媚俗，坚决反对亵渎祖先、亵渎经典、亵渎英雄，始终保持社会主义文艺的爱国底色。

29. 唱响互联网爱国主义主旋律。加强爱国主义网络内容建设，广泛开展网上主题教育活动，制作推介体现爱国主义内容、适合网络传播的音频、短视频、网络文章、纪录片、微电影等，让爱国主义充盈网络空间。实施爱国主义数字建设工程，推动爱国主义教育基地、红色旅游与网络传播有机结合。创新传播载体手段，积极运用微博微信、社交媒体、视频网站、手机客户端等传播平台，运用虚拟现实、增强现实、混合现实等新技术新产品，生动活泼开展网上爱国主义教育。充分发挥"学习强国"学习平台在爱国主义宣传教育中的作用。加强网上舆论引导，依法依规进行综合治理，引导网民自觉抵制损害国家荣誉、否定中华优秀传统文化的错误言行，汇聚网上正能量。

30. 涵养积极进取开放包容理性平和的国民心态。加强宣传教育，引导人们正确把握中国与世界的发展大势，正确认识中国与世界的关系，既不妄自尊大也不妄自菲薄，做到自尊自信、理性平和。爱国主义是世界各国人民共有的情感，实现世界和平与发展是各国人民共同的愿望。一方面要弘扬爱国主义精神，另一方面要培养海纳百川、开放包容的胸襟，大力宣传坚持和平发展合作共赢、构建人类命运共同体、共建"一带一路"等重要理念和倡议，激励广大人民同各国人民一道共同创造美好未来。对每一个中国人来说，爱国是本分，也是职责，是心之所系、情之所归。倡导知行合一，推动爱国之情转化为实际行动，使人们理性表达爱国情感，反对极端行为。

31. 强化制度和法治保障。把爱国主义精神融入相关法律法规和政策制度，体现到市民公约、村规民约、学生守则、行业规范、团体章程等的制定完善中，发挥指引、约束和规范作用。在全社会深入学习宣传宪法、英雄烈士保护法、文物保护法等，广泛开展法治文化活动，使普法过程成为爱国主义教育过程。严格执法司法、推进依法治理，综合运用行政、法律等手段，对不尊重国歌国旗国徽等国家象征与标志，对侵害英雄烈士姓名、肖像、名誉、荣誉等行为，对破坏污损爱国主义教育场所设施，对宣扬、美化侵略战争和侵略行为等，依法依规进行严肃处理。依法严惩暴力恐怖、民族分裂等危害国家安全和社会稳定的犯罪行为。

六、加强对新时代爱国主义教育的组织领导

32. 各级党委和政府要承担起主体责任。各级党委和政府要负起政治责任和领导责任，把爱国主义教育摆上重要日程，纳入意识形态工作责任制，加强阵地建设和管理，抓好各项任务落实。进一步健全党委统一领导、党政齐抓共管、宣传部门统筹协调、有关部门各负其责的工作格局，建立爱国主义教育联席会议制度，加强工作指导和沟通协调，及时研究解决工作中的重要事项和存在问题。广大党员干部要以身作则，牢记初心使命，勇于担当作为，发挥模范带头作用，做爱国主义的坚定弘扬者和实践者，同违背爱国主义的言行作坚决斗争。

33. 调动广大人民群众的积极性主动性。爱国主义教育是全民教育，必须突出教育的群众性。各级工会、共青团、妇联和文联、作协、科协、侨联、残联以及关工委等人民团体和群众组织，要发挥各自优势，面向所联系的领域和群体广泛开展爱国主义教育。组织动员老干部、老战士、老专家、老教师、老模范等到广大群众特别是青少年中讲述亲身经历，弘扬爱国传统。坚持热在基层、热在群众，结合人们生产生活，把爱国主义教育融入到新时代文明实践

中心建设、学雷锋志愿服务、精神文明创建之中，体现到百姓宣讲、广场舞、文艺演出、邻居节等群众性活动之中，引导人们自我宣传、自我教育、自我提高。

34. 求真务实注重实效。爱国主义教育是思想的洗礼、精神的熏陶。要坚持目标导向、问题导向、效果导向，坚持虚功实做、久久为功，在深化、转化上下功夫，在具象化、细微处下功夫，更好地体现时代性、把握规律性、富于创造性。坚持从实际出发，务实节俭开展教育、组织活动，杜绝铺张浪费，不给基层和群众增加负担，坚决反对形式主义、官僚主义。

各地区各部门要根据本纲要制定贯彻落实的具体措施，确保爱国主义教育各项任务要求落到实处。

中国人民解放军和中国人民武装警察部队按照本纲要总的要求，结合部队实际制定具体规划、作出安排部署。

附录四　中共中央、国务院《新时代公民道德建设实施纲要》

中华文明源远流长，孕育了中华民族的宝贵精神品格，培育了中国人民的崇高价值追求。中国共产党领导人民在革命、建设和改革历史进程中，坚持马克思主义对人类美好社会的理想，继承发扬中华传统美德，创造形成了引领中国社会发展进步的社会主义道德体系。坚持和发展中国特色社会主义，需要物质文明和精神文明全面发展、人民物质生活和精神生活水平全面提升。中国特色社会主义进入新时代，加强公民道德建设、提高全社会道德水平，是全面建成小康社会、全面建设社会主义现代化强国的战略任务，是适应社会主要矛盾变化、满足人民对美好生活向往的迫切需要，是促进社会全面进步、人的全面发展的必然要求。

2001年，党中央颁布《公民道德建设实施纲要》，对在社会主义市场经济条件下加强公民道德建设提供了重要指导，有力促进了社会主义精神文明建设。党的十八大以来，以习近平同志为核心的党中央高度重视公民道德建设，立根塑魂、正本清源，作出一系列重要部署，推动思想道德建设取得显著成效。中国特色社会主义和中国梦深入人心，践行社会主义核心价值观、传承中华优秀传统文化的自觉性不断提升，爱国主义、集体主义、社会主义思想广为弘扬，崇尚英雄、尊重模范、学习先进成为风尚，民族自信心、自豪感大大增强，人民思想觉悟、道德水准、文明素养不断提高，道德领域呈现积极健康向上的良好态势。

同时也要看到，在国际国内形势深刻变化、我国经济社会深刻变革的大背景下，由于市场经济规则、政策法规、社会治理还不够健全，受不良思想文化侵蚀和网络有害信息影响，道德领域依然存在不少问题。一些地方、一些领域不同程度存在道德失范现象，拜金主义、享乐主义、极端个人主义仍然比较突出；一些社会成员道德观念模糊甚至缺失，是非、善恶、美丑不分，见利忘义、唯利是图，损人利己、损公肥私；造假欺诈、不讲信用的现象久治不绝，突破公序良俗底线、妨害人民幸福生活、伤害国家尊严和民族感情的事件时有发生。这些问题必须引起全党全社会高度重视，采取有力措施切实加以解决。

加强公民道德建设是一项长期而紧迫、艰巨而复杂的任务，要适应新时代新要求，坚持目标导向和问题导向相统一，进一步加大工作力度，把握规律、积极创新，持之以恒、久久为功，推动全民道德素质和社会文明程度达到一个新高度。

一、总体要求

要以习近平新时代中国特色社会主义思想为指导，紧紧围绕进行伟大斗争、建设伟大工程、推进伟大事业、实现伟大梦想，着眼构筑中国精神、中国价值、中国力量，促进全体人民在理想信念、价值理念、道德观念上紧密团结在一起，在全民族牢固树立中国特色社会主义共同理想，在全社会大力弘扬社会主义核心价值观，积极倡导富强民主文明和谐、自由平等公正法治、爱国敬业诚信友善，全面推进社会公德、职业道德、家庭美德、个人品德建设，持续强化教育引导、实践养成、制度保障，不断提升公民道德素质，促进人的全面发展，培养和造就担当民族复兴大任的时代新人。

——坚持马克思主义道德观、社会主义道德观，倡导共产主义道德，以为人民服务为核心，以集体主义为原则，以爱祖国、爱人民、爱劳动、爱科学、爱社会主义为基本要求，始终保持公民道德建设的社会主义方向。

——坚持以社会主义核心价值观为引领，将国家、社会、个人层面的价值要求贯穿到道德建设各方面，以主流价值建构道德规范、强化道德认同、指引道德实践，引导人们明大德、守公德、严私德。

——坚持在继承传统中创新发展，自觉传承中华传统美德，继承我们党领导人民在长期实践中形成的优良传统和革命道德，适应新时代改革开放和社会主义市场经济发展要求，积极推动创造性转化、创新性发展，不断增强道德建设的时代性实效性。

——坚持提升道德认知与推动道德实践相结合，尊重人民群众的主体地位，激发人们形成善良的道德意愿、道德情感，培育正确的道德判断和道德责任，提高道德实践能力尤其是自觉实践能力，引导人们向往和追求讲道德、尊道德、守道德的生活。

——坚持发挥社会主义法治的促进和保障作用，以法治承载道德理念、鲜明道德导向、弘扬美德义行，把社会主义道德要求体现到立法、执法、司法、守法之中，以法治的力量引导人们向上向善。

——坚持积极倡导与有效治理并举，遵循道德建设规律，把先进性要求与广泛性要求结合起来，坚持重在建设、立破并举，发挥榜样示范引领作用，加大突出问题整治力度，树立新风正气、祛除歪风邪气。

要把社会公德、职业道德、家庭美德、个人品德建设作为着力点。推动践行以文明礼貌、助人为乐、爱护公物、保护环境、遵纪守法为主要内容的社会公德，鼓励人们在社会上做一个好公民；推动践行以爱岗敬业、诚实守信、办事公道、热情服务、奉献社会为主要内容的职业道德，鼓励人们在工作中做一个好建设者；推动践行以尊老爱幼、男女平等、夫妻和睦、勤俭持家、邻里互助为主要内容的家庭美德，鼓励人们在家庭里做一个好成员；推动践行以爱国奉献、明礼遵规、勤劳善良、宽厚正直、自强自律为主要内容的个人品德，鼓励人们在日常生活中养成好品行。

二、重点任务

1. 筑牢理想信念之基。人民有信仰，国家有力量，民族有希望。信仰信念指引人生方向，引领道德追求。要坚持不懈用习近平新时代中国特色社会主义思想武装全党、教育人民，引导人们把握丰富内涵、精神实质、实践要求，打牢信仰信念的思想理论根基。在全社会广泛开展理想信念教育，深化社会主义和共产主义宣传教育，深化中国特色社会主义和中国梦宣传教育，引导人们不断增强道路自信、理论自信、制度自信、文化自信，把共产主义远大理想与中国特色社会主义共同理想统一起来，把实现个人理想融入实现国家富强、民族振兴、人民幸福的伟大梦想之中。

2. 培育和践行社会主义核心价值观。社会主义核心价值观是当代中国精神的集中体现，是凝聚中国力量的思想道德基础。要持续深化社会主义核心价值观宣传教育，增进认知认同、树立鲜明导向、强化示范带动，引导人们把社会主义核心价值观作为明德修身、立德树人的根本遵循。坚持贯穿结合融入、落细落小落实，把社会主义核心价值观要求融入日常生活，使之成为人们日用而不觉的道德规范和行为准则。坚持德法兼治，以道德滋养法治精神，以法治体现道德理念，全面贯彻实施宪法，推动社会主义核心价值观融入法治建设，将社会主义核心价值观要求全面体现到中国特色社会主义法律体系中，体现到法律法规立改废释、公共政策制定修订、社会治理改进完善中，为弘扬主流价值提供良好社会环境和制度保障。

3. 传承中华传统美德。中华传统美德是中华文化精髓，是道德建设的不竭源泉。要以礼敬自豪的态度对待中华优秀传统文化，充分发掘文化经典、历史遗存、文物古迹承载的丰厚道德资源，弘扬古圣先贤、民族英雄、志士仁人的嘉言懿行，让中华文化基因更好植根于人们的思想意识和道德观念。深入阐发中华优秀传统文化蕴含的讲仁爱、重民本、守诚信、崇正义、尚和合、求大同等思想理念，深入挖掘自强不息、敬业乐群、扶正扬善、扶危济困、见义勇为、孝老爱亲等传统美德，并结合新的时代条件和实践要求继承创新，充分彰显其时代价值和永恒魅力，使之与现代文化、现实生活相融相通，成为全体人民精神生活、道德实践的鲜明标识。

4. 弘扬民族精神和时代精神。以爱国主义为核心的民族精神和以改革创新为核心的时代精神，是中华民族生生不息、发展壮大的坚实精神支撑和强大道德力量。要深化改革开放史、新中国历史、中国共产党历史、中华民族近代史、中华文明史教育，弘扬中国人民伟大创造精神、伟大奋斗精神、伟大团结精神、伟大梦想精神，倡导一切有利于团结统一、爱好和平、勤劳勇敢、自强不息的思想和观念，构筑中华民族共有精神家园。要继承和发扬党领导人民创造的优良传统，传承红色基因，赓续精神谱系。要紧紧围绕全面深化改革开放、深入推进社会主义现代化建设，大力倡导解放思想、实事求是、与时俱进、求真务实的理念，倡导"幸福源自奋斗"、"成功在于奉献"、"平凡孕育伟大"的理念，弘扬改革开放精神、劳动精神、劳模精神、工匠精神、优秀企业家精神、科学家精神，使全体人民保持昂扬向上、奋发有为的精神状态。

三、深化道德教育引导

1. 把立德树人贯穿学校教育全过程。学校是公民道德建设的重要阵地。要全面贯彻党的教育方针，坚持社会主义办学方向，坚持育人为本、德育为先，把思想品德作为学生核心素养、纳入学业质量标准，构建德智体美劳全面培养的教育体系。加强思想品德教育，遵循不同年龄阶段的道德认知规律，结合基础教育、职业教育、高等教育的不同特点，把社会主义核心价值观和道德规范有效传授给学生。注重融入贯穿，把公民道德建设的内容和要求体现到各学科教育中，体现到学科体系、教学体系、教材体系、管理体系建设中，使传授知识过程成为道德教化过程。开展社会实践活动，强化劳动精神、劳动观念教育，引导学生热爱劳动、尊重劳动，懂得劳动最光荣、劳动最崇高、劳动最伟大、劳动最美丽的道理，更好认识社会、了解国情，增强社会责任感。加强师德师风建设，引导教师以德立身、以德立学、以德施教、以德育德，做有理想信念、有道德情操、有扎实学识、有仁爱之心的好老师。建设优良校风，用校训励志，丰富校园文化生活，营造有利于学生修德立身的良好氛围。

2. 用良好家教家风涵育道德品行。家庭是社会的基本细胞，是道德养成的起点。要弘扬中华民族传统家庭美德，倡导现代家庭文明观念，推动形成爱国爱家、相亲相爱、向上向善、共建共享的社会主义家庭文明新风尚，让美德在家庭中生根、在亲情中升华。通过多种方式，引导广大家庭重言传、重身教，教知识、育品德，以身作则、耳濡目染，用正确道德观念塑造孩子美好心灵；自觉传承中华孝道，感念父母养育之恩、感念长辈关爱之情，养成孝敬父母、尊敬长辈的良好品质；倡导忠诚、责任、亲情、学习、公益的理念，让家庭成员相互影响、共同提高，在为家庭谋幸福、为他人送温暖、为社会作贡献过程中提高精神境界、培育文明风尚。

3. 以先进模范引领道德风尚。伟大时代呼唤伟大精神，崇高事业需要榜样引领。要精心选树时代楷模、道德模范等先进典型，综合运用宣讲报告、事迹报道、专题节目、文艺作品、公益广告等形式，广泛宣传他们的先进事迹和突出贡献，树立鲜明时代价值取向，彰显社会道德高度。持续推出各行各业先进人物，广泛推荐宣传最美人物、身边好人，让不同行业、不同群体都能学有榜样、行有示范，形成见贤思齐、争当先进的生动局面。尊崇褒扬、关心关爱先进人物和英雄模范，建立健全关爱关怀机制，维护先进人物和英雄模范的荣誉和形象，形成德者有得、好人好报的价值导向。

4. 以正确舆论营造良好道德环境。舆论具有成风化人、敦风化俗的重要作用。要坚持以正确的舆论引导人，把正确价值导向和道德要求体现到经济、社会、文化等各领域的新闻报道中，体现到娱乐、体育、广告等各类节目栏目中。加强对道德领域热点问题的引导，以事说理、以案明德，着力增强人们的法治意识、公共意识、规则意识、责任意识。发挥舆论监督作用，对违反社会道德、背离公序良俗的言行和现象，及时进行批评、驳斥，激浊扬清、弘扬正气。传媒和相关业务从业人员要加强道德修养、强化道德自律，自觉履行社会责任。

5. 以优秀文艺作品陶冶道德情操。文以载道，文以传情，文以植德。要把培育和弘扬社会主义核心价值观作为根本任务，坚持以人民为中心的创作导向，推出更多讴歌党、讴歌祖国，讴歌人民、讴歌英雄，讴歌劳动、讴歌奉献的精品力作，润物无声传播真善美，弘扬崇高的道德理想和道德追求。坚持把社会效益放在首位，倡导讲品位、讲格调、讲责任，抵制低俗、庸俗、媚俗，用健康向上的文艺作品温润心灵、启迪心智、引领风尚。要把社会主义道德作为文艺评论、评介、评奖的重要标准，更好地引导文艺创作生产传播坚守正道、弘扬正气。文艺工作者要把崇德尚艺作为一生的功课，把为人、做事、从艺统一起来，加强思想积累、知识储备、艺术训练，提高学养、涵养、修养，努力追求真才学、好德行、高品位，做到德艺双馨。

6. 发挥各类阵地道德教育作用。各类阵地是面向广大群众开展道德教育的基本依托。要加强新时代文明实践中心建设，大力推进媒体融合发展，抓好县级融媒体中心建设，推动基层广泛开展中国特色社会主义文化、社会主义思想道德学习教育实践，引导人们提高思想觉悟、道德水准、文明素养。加强爱国主义教育基地和革命纪念设施建设保护利用，充实展陈内容，丰富思想内涵，提升教育功能。民族团结、科普、国防等教育基地，图书馆、文化馆、博物馆、纪念馆、科技馆、青少年活动中心等公共文化设施，都要结合各自功能特点有针对性地开展道德教育。用好宣传栏、显示屏、广告牌等户外媒介，营造明德守礼的浓厚氛围。

7. 抓好重点群体的教育引导。公民道德建设既要面向全体社会成员开展，也要聚焦重点、抓住关键。党员干部的道德操守直接影响着全社会道德风尚，要落实全面从严治党要求，加强理想信念教育，补足精神之钙；要加强政德修养，坚持法律红线不可逾越、道德底线不可触碰，在严肃规范的党内政治生活中锤炼党性、改进作风、砥砺品质，践行忠诚老实、公道正派、艰苦奋斗、清正廉洁等品格，正心修身、慎独慎微，严以律己、廉洁齐家，在道德建设中为全社会作出表率。青少年是国家的希望、民族的未来，要坚持从娃娃抓起，引导青少年把正确的道德认知、自觉的道德养成、积极的道德实践紧密结合起来，善于从中华民族传统美德中汲取道德滋养，从英雄人物和时代楷模身上感受道德风范，从自身内省中提升道德修为，不断修身立德，打牢道德根基。全社会都要关心帮助支持青少年成长发展，完善家庭、学校、政府、社会相结合的思想道德教育体系，引导青少年树立远大志向，热爱党、热爱祖国、热爱人民，形成好思想、好品行、好习惯，扣好人生第一粒扣子。社会公众人物知名度高、影响力大，要加强思想政治引领，引导他们承担社会责任，加强道德修养，注重道德自律，自觉接受社会和舆论监督，树立良好社会形象。

四、推动道德实践养成

1. 广泛开展弘扬时代新风行动。良好社会风尚是社会文明程度的重要标志，涵育着公民美德善行，推动着社会和谐有序运转。要紧密结合社会发展实际，广泛开展文明出行、文明交通、文明旅游、文明就餐、文明观赛等活动，引导人们自觉遵守社会交往、公共场所中的文明规范。着眼完善社会治理、规范社会秩序，推动街道社区、交通设施、医疗场所、景区景点、文体场馆等的精细管理、规范运营，优化公共空间、提升服务水平，为人们增强公共意识、规则意识创造良好环境。

2. 深化群众性创建活动。各类群众性创建活动是人民群众自我教育、自我提高的生动实践。群众性精神文明创建活动要突出道德要求，充实道德内容，将社会公德、职业道德、家庭美德、个人品德建设贯穿创建全过程。文明城市、文明村镇创建要坚持为民利民惠民，突出文明和谐、宜居宜业，不断提升基层社会治理水平和群众文明素质。文明单位创建要立足行业特色、职业特点，突出涵养职业操守、培育职业精神、树立行业新风，引导从业者精益求精、追求卓越，为社会提供优质产品和服务。文明家庭创建要聚焦涵育家庭美德，弘扬优良家风。文明校园创建要聚焦立德树人，培养德智体美劳全面发展的社会主义建设者和接班人。各级党政机关、各行业各系统开展的创建活动，要把公民道德建设摆在更加重要的位置，以扎实有效的创建工作推动全民道德素质提升。

3. 持续推进诚信建设。诚信是社会和谐的基石和重要特征。要继承发扬中华民族重信守诺的传统美德，弘扬与社会主义市场经济相适应的诚信理念、诚信文化、契约精神，推动各行业各领域制定诚信公约，加快个人诚信、政务诚信、商务诚信、社会诚信和司法公信建设，构建覆盖全社会的征信体系，健全守信联合激励和失信联合惩戒机制，开展诚信缺失突出问题专项治理，提高全社会诚信水平。重视学术、科研诚信建设，严肃查处违背学术科研诚信要求的行为。深入开展"诚信建设万里行"、"诚信兴商宣传月"等活动，评选发布"诚信之星"，宣传推介诚信先进集体，激励人们更好地讲诚实、守信用。

4. 深入推进学雷锋志愿服务。学雷锋和志愿服务是践行社会主义道德的重要途径。要弘扬雷锋精神和奉献、友爱、互助、进步的志愿精神，围绕重大活动、扶贫救灾、敬老救孤、恤病助残、法律援助、文化支教、环境保护、健康指导等，广泛开展学雷锋和志愿服务活动，引导人们把学雷锋和志愿服务作为生活方式、生活习惯。推动志愿服务组织发展，完善激励褒奖制度，推进学雷锋志愿服务制度化常态化，使"我为人人、人人为我"蔚然成风。

5. 广泛开展移风易俗行动。摒弃陈规陋习、倡导文明新风是道德建设的重要任务。要围绕实施乡村振兴战略，培育文明乡风、淳朴民风，倡导科学文明生活方式，挖掘创新乡土文化，不断焕发乡村文明新气象。充分发挥村规民约、道德评议会、红白理事会等作用，破除铺张浪费、薄养厚葬、人情攀比等不良习俗。要提倡科学精神，普及科学知识，抵制迷信和腐朽落后文化，防范极端宗教思想和非法宗教势力渗透。

6. 充分发挥礼仪礼节的教化作用。礼仪礼节是道德素养的体现，也是道德实践的载体。要制定国家礼仪规程，完善党和国家功勋荣誉表彰制度，规范开展升国旗、奏唱国歌、入党入团入队等仪式，强化仪式感、参与感、现代感，增强人们对党和国家、对组织集体的认同感和归属感。充分利用重要传统节日、重大节庆和纪念日，组织开展群众性主题实践活动，丰富道德体验、增进道德情感。研究制定继承中华优秀传统、适应现代文明要求的社会礼仪、服装服饰、文明用语规范，引导人们重礼节、讲礼貌。

7. 积极践行绿色生产生活方式。绿色发展、生态道德是现代文明的重要标志，是美好生活的基础、人民群众的期盼。要推动全社会共建美丽中国，围绕世界地球日、世界环境日、世界森林日、世界水日、世界海洋日和全国节能宣传周等，广泛开展多种形式的主题宣传实践活动，坚持人与自然和谐共生，引导人们树立尊重自然、顺应自然、保护自然的理念，树立绿水青山就是金山银山的理念，增强节约意识、环保意识和生态意识。开展创建节约型机关、绿色家庭、绿色学校、绿色社区、绿色出行和垃圾分类等行动，倡导简约适度、绿色低碳的生活方式，拒绝奢华和浪费，引导人们做生态环境的保护者、建设者。

8. 在对外交流交往中展示文明素养。公民道德风貌关系国家形象。实施中国公民旅游文明素质行动计划，推动出入境管理机构、海关、驻外机构、旅行社、网络旅游平台等，加强文明宣传教育，引导中国公民在境外旅游、求学、经商、探亲中，尊重当地法律法规和文化习俗，展现中华美德，维护国家荣誉和利益。培育健康理性的国民心态，引导人们在各种国际场合、涉外活动和交流交往中，树立自尊自信、开放包容、积极向上的良好形象。

五、抓好网络空间道德建设

1. 加强网络内容建设。网络信息内容广泛影响着人们的思想观念和道德行为。要深入实施网络内容建设工程，弘扬主旋律，激发正能量，让科学理论、正确舆论、优秀文化充盈网络空间。发展积极向上的网络文化，引导互联网企业和网民创作生产传播格调健康的网络文学、网络音乐、网络表演、网络电影、网络剧、网络音视频、网络动漫、网络游戏等。加强网上热点话题和突发事件的正确引导、有效引导，明辨是非、分清善恶，让正确道德取向成为网络空间的主流。

2. 培养文明自律网络行为。网上行为主体的文明自律是网络空间道德建设的基础。要建立和完善网络行为规范，明确网络是非观念，培育符合互联网发展规律、体现社会主义精神文明建设要求的网络伦理、网络道德。倡导文明办网，推动互联网企业自觉履行主体责任、主动承担社会责任，依法依规经营，加强网络从业人员教育培训，坚决打击网上有害信息传播行为，依法规范管理传播渠道。倡导文明上网，广泛开展争做中国好网民活动，推进网民网络素养教育，引导广大网民尊德守法、文明互动、理性表达，远离不良网站，防止网络沉迷，自觉维护良好网络秩序。

3. 丰富网上道德实践。互联网为道德实践提供了新的空间、新的载体。要积极培育和引导互联网公益力量，壮大网络公益队伍，形成线上线下踊跃参与公益事业的生动局面。加强网络公益宣传，引导人们随时、随地、随手做公益，推动形成关爱他人、奉献社会的良好风尚。拓展"互联网+公益""互联网+慈善"模式，广泛开展形式多样的网络公益、网络慈善活动，激发全社会热心公益、参与慈善的热情。加强网络公益规范化运行和管理，完善相关法规制度，促进网络公益健康有序发展。

4. 营造良好网络道德环境。加强互联网管理，正能量是总要求，管得住是硬道理，用得好是真本事。要严格依法管网治网，加强互联网领域立法执法，强化网络综合治理，加强网络社交平台、各类公众账号等管理,重视个人信息安全,建立完善新技术新应用道德评估制度,维护网络道德秩序。开展网络治理专项行动,加大对网上突出问题的整治力度,清理网络欺诈、造谣、诽谤、谩骂、歧视、色情、低俗等内容,反对网络暴力行为,依法惩治网络违法犯罪,促进网络空间日益清朗。

六、发挥制度保障作用

1. 强化法律法规保障。法律是成文的道德,道德是内心的法律。要发挥法治对道德建设的保障和促进作用,把道德导向贯穿法治建设全过程,立法、执法、司法、守法各环节都要体现社会主义道德要求。及时把实践中广泛认同、较为成熟、操作性强的道德要求转化为法律规范,推动社会诚信、见义勇为、志愿服务、勤劳节俭、孝老爱亲、保护生态等方面的立法工作。坚持严格执法,加大关系群众切身利益重点领域的执法力度,以法治的力量维护道德、凝聚人心。坚持公正司法,发挥司法裁判定分止争、惩恶扬善功能,定期发布道德领域典型指导性司法案例,让人们从中感受到公平正义。推进全民守法普法,加强社会主义法治文化建设,营造全社会讲法治、重道德的良好环境,引导人们增强法治意识、坚守道德底线。

2. 彰显公共政策价值导向。公共政策与人们生产生活和现实利益密切相关,直接影响着人们的价值取向和道德判断。各项公共政策制度从设计制定到实施执行,都要充分体现道德要求,符合人们道德期待,实现政策目标和道德导向有机统一。科学制定经济社会政策和改革举措,在涉及就业、就学、住房、医疗、收入分配、社会保障等重大民生问题上,妥善处理各方面利益关系,充分体现维护社会公平正义的要求。加强对公共政策的道德风险和道德效果评估,及时纠正与社会主义道德相背离的突出问题,促进公共政策与道德建设良性互动。

3. 发挥社会规范的引导约束作用。各类社会规范有效调节着人们在共同生产生活中的关系和行为。要按照社会主义核心价值观的基本要求，健全各行各业规章制度，修订完善市民公约、乡规民约、学生守则等行为准则，突出体现自身特点的道德规范，更好发挥规范、调节、评价人们言行举止的作用。要发挥各类群众性组织的自我教育、自我管理、自我服务功能，推动落实各项社会规范，共建共享与新时代相匹配的社会文明。

4. 深化道德领域突出问题治理。道德建设既要靠教育倡导，也要靠有效治理。要综合施策、标本兼治，运用经济、法律、技术、行政和社会管理、舆论监督等各种手段，有力惩治失德败德、突破道德底线的行为。要组织开展道德领域突出问题专项治理，不断净化社会文化环境。针对污蔑诋毁英雄、伤害民族感情的恶劣言行，特别是对于损害国家尊严、出卖国家利益的媚外分子，要依法依规严肃惩戒，发挥警示教育作用。针对食品药品安全、产品质量安全、生态环境、社会服务、公共秩序等领域群众反映强烈的突出问题，要逐一进行整治，让败德违法者受到惩治、付出代价。建立惩戒失德行为常态化机制，形成扶正祛邪、惩恶扬善的社会风气。

七、加强组织领导

加强新时代公民道德建设，是推进中国特色社会主义事业的一项基础性、战略性工程。要坚持和加强党的领导，增强"四个意识"，坚定"四个自信"，做到"两个维护"，确保公民道德建设的正确方向。各级党委和政府要担负起公民道德建设的领导责任，将其摆上重要议事日程，纳入全局工作谋划推进，有机融入经济社会发展各方面。纪检监察机关和组织、统战、政法、网信、经济、外交、教育、科技、卫生健康、交通运输、民政、文化和旅游、民族宗教、农业农村、自然资源、生态环境等党政部门，要紧密结合工作职能，积极履行公民道德建设责任。发挥基层党组织和党员在新时代公民道德建设中的战斗堡垒作用和先锋模范作用。工会、共青团、妇联等群团组织，各民主党派和工商联，要积极发挥自身优势，共同推动公民道德建设。

  各级文明委和党委宣传部要切实履行指导、协调、组织职能，统筹力量、精心实施、加强督查，抓好工作任务落实。注重分析评估公民道德建设的进展和成效，及时总结推广成功经验和创新做法，加强道德领域重大理论和实践问题研究，推动形成公民道德建设蓬勃开展、深入发展的良好局面。